HISTOIRE VÉRIDIQUE ET VÉCUE

DE LA

RÉVOLUTION

DE 1848

Alexandre Weill

ŒUVRES COMPLÈTES

HISTOIRE VÉRIDIQUE ET VÉCUE

DE LA

RÉVOLUTION

DE 1848

DEPUIS LE 24 FÉVRIER JUSQU'AU 10 DÉCEMBRE

SUR DES NOTES PRISES AU JOUR LE JOUR

PARIS

CHEZ L'AUTEUR, 11, Faubourg Saint-Honoré

ET CHEZ

E. DENTU, Palais-Royal, 15-17-19, Galerie d'Orléans

1887

PRÉAVIS

écrit en 1869

Il y a vingt ans, jour par jour, le soir en rentrant j'ai noté les événements de la journée avec les pièces à l'appui, suivies de considérations. J'ai cessé d'écrire le 10 décembre 1848. Dans ce temps-là, j'étais jeune et vigoureux. J'ai tout vu, j'ai tout lu, j'ai tout su.

Trois ans plus tard, j'ai essayé de mettre de l'ordre dans ces notes et de les classer dans un récit historique.

La génération actuelle, la jeune démocratie méconnaît ou ne connaît pas du tout l'enchaînement moral des faits de la révolution de Février. A l'entendre, la démocratie de 1848 n'a péché que par excès de modération. Mon livre l'engagera à soumettre les faits à un examen plus sérieux. Il lui apprendra que la force matérielle d'un vainqueur ne se trouve jamais ailleurs que dans la faiblesse morale du vaincu. A ceux qui, présomptueux, croient n'avoir rien à apprendre, je dirai comme

Caton : Les vieux m'ont quelquefois écouté quand j'étais jeune. Maintenant que me voici vieux, les jeunes ne perdront rien à me prêter, ne fût-ce que pour un moment, une oreille attentive !

ALEXANDRE WEILL.

LOUIS-PHILIPPE DEVANT LE TRIBUNAL DE L'HISTOIRE

L'histoire de la révolution de Juillet n'est pas encore faite..

Semblables aux alchimistes du moyen âge, cherchant le secret de créer un être humain sans la coopération de la femme, nos écrivains cherchent tout dans l'histoire, excepté la logique de la justice éternelle.

Les révolutions ne sont pas des faits dépendant de tels ou tels hommes, mais des événements logiques jaillissant d'actes sociaux contraires aux lois divines et aux devoirs humains.

Les révolutions ne montent pas de bas en haut, elles descendent de haut en bas !

Un pouvoir n'est pas renversé par la force de ses ennemis, il tombe par les défaillances, par les prévarications, par les vices de ses amis.

Personne encore n'a retracé d'une main hardie et indépendante les vices et les manquements au devoir du gouvernement de Charles X. La plupart des historiens royalistes rejettent la faute sur l'opposition. Mais il suffit de voir ce qui s'est passé pendant et immédiatement après la révolution de Juillet pour se convaincre que le gouvernement de Charles X a été un pouvoir de coterie, de cette coterie ultra-catholique, inepte, impie, contraire à la raison humaine, qui seule est divine ; coterie inhumaine quand elle est au pouvoir, et levant honteusement le pied au moindre danger réel pour son existence matérielle.

Mais si le vaincu politique mérite presque toujours son sort, il ne s'ensuit pas que le vainqueur soit appelé à le remplacer. Bien au contraire ! Ce dernier, souvent, n'est que l'instrument de la justice absolue pour abattre l'orgueil des grands coupables.

L'homme qui gravit le pouvoir sur le dos ensanglanté du peuple est rarement destiné au rôle définitif du vainqueur.

Si Louis-Philippe avait eu la moindre foi à un principe de justice, si son âme, cet œil divin, eût seulement entrevu un coin de la vérité morale, il se serait tenu le langage que voici :

« Mon roi et maître vient d'être frappé par la main du peuple, qui est la main de Dieu, pour avoir manqué à son devoir ! Justice est faite ! Faisons notre devoir, nous, et advienne que pourra !

« Le roi, vaincu, vient d'abdiquer. Il m'a nommé lieutenant général du royaume, en me confiant un orphelin, en me chargeant et de son éducation nationale et de son salut !

« D'autre part, la révolution victorieuse me tend la main. Mon premier devoir est de consulter le peuple souverain sur la forme de son gouvernement. Il se peut que, me fiant hardiment à la voix du peuple, je sauve à la fois et l'ordre constitutionnel et la liberté démocratique, et ma gloire sera grande dans le présent et dans l'avenir. En craignant de consulter la nation, non seulement je faillis à mon devoir, mais cette révolution même me dévorera, à moins que je n'en triomphe par le despotisme, car jamais liberté durable et vraie n'est sortie d'un coup de main, comme qu'il s'appelle. »

Il est à remarquer que dans toutes les occurrences de la vie, la voie du devoir n'est pas seulement la plus logique, c'est-à-dire nécessaire, mais encore la plus profitable. Un homme de devoir manque rarement son but. Si même il n'y atteint pas, il peut être sûr d'un voyage agréable à travers la vie, sur une route bien tracée.

Cette vérité apparaît dans tout son éclat, même quand il s'agit d'un faux principe, d'un devoir mal compris. Il suffit que l'homme qui professe ce principe soit convaincu d'agir selon la voix intérieure de la conscience. Il est permis de se tromper, pourvu que l'erreur soit pure de tout intérêt sordide et que l'homme ait la foi de son erreur !

Mais Louis-Philippe ne croyait pas en la justice dans l'histoire. Pour lui, l'histoire était une suite d'événements provoqués et dominés par la force, par la ruse, par l'habileté de l'homme. Il ne croyait à aucune logique préconçue de la loi universelle. Machiavel était son prophète ; le hasard, son dieu ! La France a besoin d'un régent et non d'une régence.

Il est, en effet, deux sortes d'événements historiques.

Les uns sont visiblement l'œuvre directe de la justice idéale. L'esprit le plus incrédule ne saurait le nier. Les forces humaines n'y jouent aucun rôle. Dieu, qui est la loi inexorable de la nature, les a scellés de son cachet.

D'autres sont moins l'effet visible de la logique.

Des esprits vulgaires prétendent que ce sont des faits du hasard. Mais le hasard même n'est que le pseudonyme de la loi suprême, quand elle ne daigne pas signer elle-même. Pascal a déjà dit : « Le hasard est l'effet visible d'une cause invisible. » Tout, en effet, dans la vie est logique, conforme à la loi éternelle des causes et des effets. Seulement l'homme ne sait pas toujours remonter des effets aux causes.

Louis-Philippe, cela appert de toutes ses lettres antérieures à 1830, voulait être roi. Vouloir être roi sans l'être de droit, c'est être ou devenir criminel !

Tout homme manquant au devoir traîne, attaché à son cœur, un ennemi éternel menaçant à tout instant

de l'étrangler et lui demandant : *Une raison ou la vie.*
Cet ennemi, inaccessible aux séductions matérielles,
ne se laisse calmer que par une corruption intellectuelle. Tôt ou tard, le malheureux coupable est forcé
de vider tout son sac d'esprit, de ruse et d'habileté
pour apaiser ce terrible *gendarme de poche* vulgairement appelé *conscience.*

Il fallait donc inventer une raison spécieuse pour
pouvoir prendre une couronne sur un berceau, au
lieu de l'attendre sur une tombe. Il fallait se faire
accroire à soi-même que la France n'accepterait ni
une république, ni une régence avec un roi mineur,
que l'anarchie imminente exigeait un homme, *un roi*,
comme si un homme était plus fort à défendre le
droit et la justice pour lui-même que pour un autre
ou la société entière.

Il n'y a qu'un siècle matériel et égoïste qui puisse
accepter une telle raison.

Je n'aurai garde de m'appesantir sur ce qui s'est
passé depuis 1830 jusqu'en 1848.

De même qu'une rose produit une rose et un chardon un chardon, de même du devoir accompli naît le
droit et jaillit la gloire. De même encore, le crime
produit la corruption et court tout d'une haleine
après le châtiment.

L'homme est libre pour opter entre le premier pas
du bien et du mal ; mais ce pas franchi, à moins de
reculer à la face du peuple et de Dieu, l'homme n'est
plus maître de son libre arbitre, car le mal a sa
logique inexorable comme le bien.

Ajoutons toutefois, comme circonstance atténuante,
que Louis-Philippe vivait dans une époque d'incré-
dulité éclectique qui, sous les mots de *progrès forcé et
continu*, se permettait toutes sortes de gredineries
politiques et sociales. Autant dire à l'homme : Ne te
prive d'aucun plaisir, quel qu'il soit ; ne songe qu'à toi
et à ton intérêt ; le progrès général, indépendant de

tes actions, marche toujours. Comme si jamais progrès se fût établi quelque part sans l'effort, la vertu, le sacrifice de l'homme. Comme s'il y avait, pour être libre, un autre moyen que celui d'être juste !

C'est ainsi que Louis-Philippe finit par croire qu'il était le plus honnête homme de France. Le monde entier d'ailleurs, sauf les républicains, avait légitimé, du moins innocenté son usurpation. Les soi-disant représentants de la religion et de la royauté ne firent aucun effort, pas même purement moral, pour l'arrêter dans sa voie. Le pape le reconnut aussi bien que les rois de l'univers. De temps en temps il y avait un individu osant dire la vérité : on le déclara fou, et on l'emprisonna, car

> Au pays des bossus
> Les dos plats sont mal vus.

Mais que les hommes s'amoindrissent ou non, la logique du juste et du vrai n'en reste pas moins debout, et pour montrer à l'humanité incrédule comment procède cette loi logique et inexorable, voici ce qui arriva :

Le fils aîné de ce roi eut deux héritiers mâles et mineurs, puis la main divine s'appesantit sur ce glorieux héritier expirant sur un pavé, *dans le chemin de la révolte.*

Certes, le cœur de l'homme saigne à ce lugubre spectacle ; mais, après une arme vouée au malheur, il est impossible de ne pas reconnaître la loi du talion qui s'appelle *justice.*

En effet, Louis-Philippe avait pris sa couronne sur un pavé dans le chemin de la révolte.

Il l'avait prise sous prétexte d'éviter la régence, et ce fut précisément la régence qui jaillit de ce pavé ensanglanté.

Le roi avait vieilli. Son fils aîné avait deux héritiers mâles.

Si le roi eût été plus jeune encore, on aurait pu se bercer de l'illusion qu'il vivrait jusqu'à la majorité de son petit-fils. Si le duc d'Orléans n'eût point eu d'enfant mâle, la couronne serait échue au duc de Nemours. Si le comte de Paris eût été fils unique, on aurait pu espérer sa mort. Mais non !

Le grand-père était presque un vieillard, et son malheureux fils aîné avait *deux* héritiers mineurs.

Impossible d'éviter la régence.

Tout le monde fut frappé de ces coïncidences. Ceux-là mêmes qui attribuent tout au hasard ne purent s'empêcher de convenir que ce hasard n'était pas dépourvu d'intentions malveillantes.

Seul le roi Louis-Philippe, se révoltant contre la justice, accusa, dans son message à la Chambre des députés, *la Providence d'avoir dérangé ses plans*. La Providence n'avait qu'à bien se tenir.

Dès lors, la justice eut son cours. On laissa au criminel tout le temps nécessaire pour se pourvoir en cassation (1). Cela fait, le jour de l'exécution arriva le *vingt-quatre février mil huit cent quarante-huit*.

J'ai assisté à cette exécution.

Car ce ne fut point une révolution.

Charles X a perdu sa couronne un mois après la prise d'Alger.

Un mois après la prise d'Abd-el-Kader, Louis-Philippe a perdu la sienne.

L'héritier direct du trône de Charles X est mort d'une mort violente.

De même le fils aîné de Louis-Philippe !

Les journées de Juillet ont eu lieu le mardi, le mercredi et le jeudi.

Les journées de Février de même.

---

(1) Voir Plutarque, *Sur la justice de Dieu dans l'histoire*. Les trois instances sont calquées sur le modèle divin de ce grand génie.

Comme les combattants de Juillet, les héros de Février ont dit : « Il est trop tard ! »

La démission de MM. Guizot et Duchâtel a été repoussée comme celle de MM. de Polignac et de Peyronnet.

Et comme le duc de Bordeaux, qui a été écarté par Louis-Philippe, le peuple a repoussé le comte de Paris.

Vous tous qui doutez de la justice divine et de sa logique naturelle, lisez et relisez l'histoire des révolutions de Juillet et de Février. Vous y trouverez non seulement le doigt de Dieu, mais toute la main, y compris le pouce !

II

LES JOURNÉES DE FÉVRIER

Quelques semaines avant la révolution de Février, j'ai rencontré dans le faubourg Saint-Antoine la voiture du duc de Montpensier qui se rendait aux *Minimes*. A peine fut-il reconnu par le peuple, que quelques ouvriers crièrent : « Au voleur ! » Le prince répondit par des coups de fouet sur ses chevaux et partit au galop.

Quand un peuple en face d'un prince royal ose pousser un cri si impertinent, la révolution est faite.

D'ailleurs Lamartine, à tort ou à raison, avait dit à la tribune : « Ou vous cesserez de gouverner la France, ou la France cessera d'exister. »

Il n'est pas dans mon intention de juger M. Guizot. Mais, fût-il un homme de talent, il n'eût pu sauver la dynastie de Louis-Philippe !

Devant la logique, il n'est point d'homme fort ! Cette considération à part, il faut convenir que M. Guizot, par son gouvernement de sept années de cuistrerie et d'inertie publique, a beaucoup contribué à la chute de Louis-Philippe.

Tout le monde sait que la révolution de Février a commencé par les banquets de réforme.

Le mot *réforme* a été inventé par M. de Genoude. MM. Thiers et Guizot, Molé et Barrot se sont souvent moqués de M. de Genoude, qui durant dix-huit années a toujours fait le même article, et qui a sacrifié sa fortune et sa santé à une seule idée. C'est un fou, disait l'un ; c'est un fanatique, marmottait l'autre ; c'est un homme compromettant, chuchotaient les légitimistes perruques du faubourg Saint-Germain. Seul Louis-Philippe, à propos d'un procès de la *Gazette de France*, qui en dix-huit ans a payé 180,000 francs d'amende, disait : « Je n'ai en France qu'un seul ennemi dangereux, et c'est ce prêtre opiniâtre qui, pour surcroît de chagrin, demeure en face de moi ! » En effet, M. de Genoude demeurait et publiait son journal dans la *rue du Doyenné*, en face des Tuileries.

Ce fut, en effet, M. de Genoude qui d'abord cria dans un désert le mot *réforme*, qui après répéta ce mot avec tant de persévérance qu'à la fin il fut ramassé par les républicains.

Dès 1844, les républicains avancés fondèrent un journal portant ce titre. Ce fut ce mot, n'ayant au fond aucun sens politique précis, qui renversa le gouvernement et la dynastie de Louis-Philippe.

Ces deux adversaires, d'ailleurs, sont morts dans la même année. Leur mission était accomplie. Louis-Philippe, bien qu'usurpateur, a rendu de grands services à la France et à la société; M. de Genoude, seul homme d'État de son parti, n'a jamais pu le transformer et le régénérer. Dieu et l'histoire ne travaillent pas dans le vieux (1) !

---

(1) M. de Lourdoueix a bien essayé de poursuivre la tâche de son ami. Moi-même, ignorant alors la connexion intime de la théologie et de la politique, j'ai cru un instant à la possibilité de la régénération de ce parti. Folie ! Extravagance ! Crime de lèse-raison. Le parti légitimiste étant avant tout un parti catholique, niant par conséquent la raison humaine, ne représente que l'histoire morte. Dès qu'il essaye de devenir raisonnable, comme la *Gazette* l'a été quelques mois, il faut qu'il admette les droits de la raison contre le dogme. Dès lors il n'y a plus pour lui d'autre droit que celui inhérent dans le peuple : la raison collective. Il a beau dire que sa foi est révélée, qu'elle

1.

Les banquets avaient été inventés comme machine de guerre par MM. Thiers, Duvergier de Hauranne et Odilon Barrot. M. Thiers ne refusa pas la coopération des deux fractions de la démocratie, représentées par le *National* et la *Réforme*. Il ne les croyait pas assez dangereux. Mais, comme des armes trop chargées, elles ont éclaté dans sa débile main et l'ont renversé.

Le *National* et la *Réforme*, bien que divisés quand il s'agissait des principes fondamentaux de la future république, étaient d'accord dans leur opposition à la monarchie de juillet. Le *National* était rédigé par M. Marrast, républicain de tempérament, mais aristocrate d'esprit, flagellant à tour de bras les prétendues chimères socialistes de la *Réforme*.

La *Réforme*, organe de MM. Ledru-Rollin et Louis Blanc, représentait le parti républicain-socialiste. Elle fut longtemps rédigée par M. Cavaignac, le frère du général; mais quelque temps avant la révolution de Février, la rédaction en fut confiée à M. Flocon, ancien sténographe, écrivain sinon de talent, du moins d'une grande probité et d'une parfaite loyauté.

Ordinairement le mouvement politique en France part du centre de la capitale et rayonne dans toutes les directions. Pour les banquets, le mouvement se fit en sens inverse. Parti de plusieurs points divergents de la province, il convergea à la fin vers le centre, vers Paris.

Ce fut là d'ailleurs le but que le parti Thiers s'était proposé.

---

vient de Dieu ; pour me la faire admettre, il n'y a que la raison convaincante, à moins qu'il ne me l'impose par le fanatisme despotique et oppresseur. Dans le dernier cas, il est de mon devoir de l'abattre, au risque de périr. Dans le premier cas, il n'y a pas d'autre légitimité que celle que la nation délègue ; légitimité qui expire dès que le commettant manque aux devoirs que la nation lui a prescrits.

A un de ces banquets de province, le peuple fit une ovation à MM. Louis Blanc et Ledru-Rollin, et ce dernier lança ses foudres oratoires, non seulement contre le gouvernement, mais encore contre l'opposition, voire contre le *National*.

M. Marrast, depuis longtemps dépassé et nourrissant au fond du cœur une haine violente contre le parti socialiste, qu'il considérait comme un danger pour la démocratie, publia un article fulminant dans lequel, s'adressant aux démocrates de la *Réforme*, il leur dit ces mots : *Tenez, vous n'êtes que des cuistres sanguinaires.*

Je cite ce cri du cœur, parce qu'il servira de clef à plus d'une énigme de 1848.

Le roi voyait avec plaisir les banquets dégénérer en socialisme démocratique. Depuis dix-huit années de règne, sa tactique gouvernementale était purement négative, faisant peur à la bourgeoisie de la république, et prouvant aux républicains mêmes que, lui tombé, ils seraient dévorés par les communistes. Si le communisme n'avait pas existé, Louis-Philippe l'eût inventé ! Et en effet sa police, tout en le surveillant, le tolérait.

Malheureusement pour la monarchie de Juillet, les socialistes et les communistes avaient fait les morts depuis plus de six ans. Tout démocrate d'ailleurs craignait son propre frère comme un espion. Raspail disait à un ami : « Il est des moments où je me méfie de moi-même ! » On se contenta de discuter et de rêver. Les fouriéristes surtout se distinguaient par leurs attaques véhémentes dirigées contre les républicains politiques et contre les communistes de la *Réforme*.

Pour cette fois-ci, le ministère Guizot seul devint le point de mire de tous les partis opposants.

Peut-être le roi eût-il fait des concessions à la réforme, si elle s'était maintenue dans les limites parlementaires. Il eût facilement sacrifié M. Guizot au comte Molé. Mais voyant les banquets dégénérer en agapes socialistes, Louis-Philippe s'écria à table : *Rien ne sera réformé, pas même les épinards.*

Quant à M. Thiers, les bras croisés, il ne fit aucun essai pour arrêter le mouvement socialiste. M. Thiers connaissait le roi. Il savait que sous le règne de Louis-Philippe, lui, Thiers, ne serait plus jamais nommé président du conseil. Depuis longtemps il avait déclaré la guerre, non à la dynastie d'Orléans, mais au roi personnellement. Il disait : *le roi et moi.* M. Thiers croyait enfin le moment propice pour forcer le roi d'abdiquer et pour établir la régence de la duchesse d'Orléans, dont il était le premier ministre.

Là est le nœud de la révolution de Février.

Les princes de Joinville et de Montpensier représentaient à la cour le parti de la duchesse. Joinville n'ayant nullement caché son antipathie pour le ministère Guizot, fut envoyé en Algérie. M. Thiers, dans son journal *le Constitutionnel*, combla d'égards et d'éloges le maréchal Bugeaud ; il lui promit le ministère de la guerre.

Là encore est le mot de l'énigme de la matinée du 24 février. LA RÉVOLUTION DE FÉVRIER EST UNE RÉVOLUTION DE PALAIS !

MM. Thiers, Bugeaud et le général Lamoricière, ce dernier enrôlé depuis peu dans ce parti, n'ont eu d'autre but que d'effrayer le roi, afin d'obtenir son abdication en faveur de son petit-fils. Ils ne virent donc pas d'un mauvais œil les banquets, de pacifiques qu'ils étaient, dégénérer en véritables engins de guerre. De son côté, le roi octroya liberté pleine et entière aux orateurs socialistes, afin de resserrer et de conserver la majorité intimidée de la Chambre.

Ni le roi ni M. Thiers ne croyaient un instant au triomphe des républicains, encore moins au danger de voir sortir une révolution des banquets socialistes.

Tous deux tombèrent dans la fosse qu'ils avaient creusée l'un à l'autre.

La veille du mardi, il y eut une animation fort grande sur les boulevards et dans les cafés. Partout on lut à haute voix l'acte d'accusation de M. Barrot lancé contre M. Guizot. Ce jour-là, la garde nationale ne fut pas convoquée, car à la dernière revue elle avait crié : *A bas Guizot !*

Le banquet annoncé n'eut pas lieu.

L'opposition en bloc avait fait savoir qu'elle n'y assisterait pas. MM. de Lamartine et d'Alton Shée seuls restèrent fidèles à leur parole. Mais l'annonce de l'absence de l'opposition au banquet vint trop tard. Une masse innombrable de peuple affluait vers les Champs-Élysées. Des dragons en occupaient les avenues. Le peuple cria : *Vive la Réforme !* Vers quatre heures, il fut refoulé sur la rue Saint-Honoré. Arrivé à l'église de l'Assomption, il arracha la grille et fit une tentative de barricade.

Ce jour-là il tombait une pluie grésillante. Le roi montrant le ciel pluvieux dit : « Voilà un ami qui vient à notre secours, et cet ami vaut une armée ! »

Fatale erreur ! C'est précisément la confiance du roi dans la pluie qui l'empêcha de prendre des mesures énergiques.

Le mercredi matin, il y avait déjà quelques barricades dans le quartier Rambuteau. Vers dix heures on fit battre le rappel de la garde nationale. Ce fut déjà une annonce par le tambour qu'on était prêt à sacrifier M. Guizot.

A peine réunie par compagnies et pelotons, la garde nationale, de concert avec le peuple, cria : *Vive la Réforme !* Vers midi, elle croisa même la baïonnette contre la garde municipale, sous prétexte de rétablir l'ordre à elle toute seule. A l'instant le peuple assassina quelques gardes municipaux tombés en son pouvoir. Vers trois heures, plusieurs bataillons

de la seconde et de la troisième légion, conduits
par des chefs républicains, avancèrent vers les Tuileries en criant : *A bas Guizot! Vive la Réforme!*

Il avait plu pendant toute la matinée et l'on ne
voyait le peuple que par petits groupes.

A la hauteur de la rue de Rivoli, un messager du
roi annonça à sa chère garde civique que M. Guizot
n'était plus ministre, qu'il venait de donner sa
démission et que le roi l'avait acceptée.

Cette chute si rapide, si inopinée, fit une fâcheuse impression sur l'orgueilleux ministre, comptant sur l'amitié d'un roi. Il boudait, et sa bouderie
l'empêcha de prendre des mesures contre la révolution, bien que son remplaçant ne fût point près à
entrer en fonctions.

La garde nationale rentra en poussant des cris
de victoire. Les chefs républicains, il est vrai, eussent
désiré une victoire moins facile ; mais le bourgeois,
satisfait de la chute de Guizot, jubilait comme si
on l'eût guéri d'un cancer au cœur.

Le renvoi de M. Guizot se répandit à Paris avec
la rapidité de l'éclair. On eût dit un peuple endormi
qui s'éveille, secouant un affreux cauchemar. La
joie était universelle, car la bourgeoisie de Paris
croyait par là avoir évité une révolution, ou du
moins des journées orageuses.

Vers le soir, toutes les maisons des boulevards,
depuis la Bastille jusqu'à la Madeleine, s'illuminèrent
comme par enchantement. Ce fut un coup d'œil admirable. Les uns s'embrassaient, croyant que la révolution, à peine ébauchée, s'arrêterait à M. Molé, dût-elle même rebondir jusqu'à M. Thiers ; les autres, ne
voyant pas plus loin que leur nez, se félicitaient
d'être débarrassés du ministère perpétuel de M. Guizot.
Quelques esprits supérieurs haussèrent les épaules en
apprenant la nomination de M. Molé. Seuls, les membres de la *société des droits de l'homme* s'abordaient

mystérieusement en se disant « qu'il fallait hattre le *frère* pendant qu'il était chaud (1) ».

Vers neuf heures du soir, un groupe de peuple se rua vers les fenêtres du *National*. Un rédacteur de ce journal harangua la foule du haut du balcon. Le *National* s'imprimait alors dans la rue Le Peletier, tout près du fameux divan littéraire où MM. Marrast et Bastide venaient quelquefois le soir fumer leur cigare. Pendant ce discours, un républicain m'abordant au divan me disait : « Rien n'est fait, on fera ce soir. » Et ce fut à une table de marbre de ce divan que le plan de bataille de la nuit fut discuté et adopté.

Vers dix heures, une troupe de gamins déguenillés, guidés par un chef, ayant sur la tête un pot de fleurs renversé en guise de casque, et brandissant un sabre de municipal, descendirent de la Bastille vers la Madeleine en chantant la *Marseillaise* et les *Girondins*. Je venais de quitter le divan pour me rendre dans l'imprimerie du *Corsaire Satan* y corriger un article intitulé : *A une nouvelle situation il faut de nouveaux hommes*, lorsqu'à la hauteur du faubourg Poissonnière, en face de cette troupe dépenaillée, je fus rejoint par un journaliste qui, depuis directeur d'un théâtre, a complètement déserté les lettres (2). Il avait suivi cette mascarade depuis le boulevard Beaumarchais, et il allait pousser sa curiosité jusqu'au ministère des affaires étrangères, où se trouvait un escadron de dragons soutenu par une compagnie de la ligne : « Vois-tu, me dit Marc, chemin faisant, car il m'avait entraîné dans sa course, ce peuple-là cherche un homme. Il ne fait des révolutions que pour se donner un dictateur. Rien n'est plus commode pour le

(1) Le calembour a été dit.
(2) Marc Fournier.

peuple que de se soumettre aveuglément à une volonté qui agit pour lui, rien ne lui paraît plus lourd que de penser et que de vouloir par lui-même. L'esprit des hommes a l'instinct de l'obéissance comme la queue du castor a l'instinct de bâtir. Ils ne deviennent terribles que lorsque celui-ci qui leur commande n'a ni plus de volonté ni plus de force qu'eux. Ils dégénèrent alors en brutes sauvages. Qu'on leur permette seulement de crier de temps en temps contre leurs tyrans, — ce qui est nécessaire pour leur santé intellectuelle, — et ils sont prêts à tout sacrifier, même leur vie, pour pouvoir obéir. Les nations sont comme les femmes disant toujours non, mais accordant tout, heureuses d'être violentées et courant après ceux qui les subjuguent. »

J'ai noté mot à mot ce discours aussi subtil que servile, car il m'a sauvé la vie. A peine ce sophiste génevois eut-il fini de pérorer en plein air au coin de la rue *de la Paix*, qu'on entendit plusieurs coups de fusil suivis de cris déchirants : *Au meurtre ! à l'assassin !!!* C'était la réponse du poste du boulevard des Capucines au fameux coup de pistolet sorti de la même troupe, que nous avions quittée à la rue Laffitte.

Qui a tiré ce coup de pistolet ? On a longtemps prétendu que c'était M. Lagrange ! Qui sait ? Ce fut peut-être le gamin au pot de fleurs renversé.

Une vingtaine de personnes furent tuées ou blessées. Ce fut un sauve-qui-peut général. A partir de ce moment la fête prit un aspect lugubre. Bientôt on vit des camions chargés de cadavres, traînés par des hommes, escortés par des porteurs de torches, tous criant : « Vengeance ! vengeance ! On assassine nos frères ! Aux armes ! »

Une heure après, on entendit le tocsin de Notre-Dame.

Des barricades s'élevèrent dans toutes les rues comme

par enchantement à la lueur des torches. Nulle part
l'ombre d'un soldat ni d'un sergent de ville. On eût dit
des préparatifs à une immense fête populaire. Il y avait
du vin, du jambon et du pain à discrétion, voire des
femmes. Il n'y manquait que la musique. Encore ai-je
vu élever une barricade aux sons d'un orgue de Barbarie. On se reposait sur des tas de grès amoncelés,
comme dans une partie de campagne contre des
meules de foin. On criait, on riait, on rigolait, on
s'engueulait! Ce furent des barricades de nopces et de
festins !

De temps en temps un homme barbu à l'air sombre
venait constater les travaux achevés et s'en allait en
souriant sans prononcer un mot.

Vers six heures du matin, il y avait plus de deux
mille barricades à Paris, de vraies forteresses. Quelques-unes bâties avec un art merveilleux, ayant des
gradins étagés et des meurtrières. Il n'y manquait que
des soldats, des armes, du plomb et de la poudre.

Sans être trop curieux, on pouvait se demander,
dans la nuit du 23 au 24 février : « Que fait donc le
gouvernement? A quoi songe le gouvernement? De
quoi s'occupe le gouvernement? »

Le gouvernement ne faisait rien. Il se défaisait.

Là aussi on voulait battre le fer pendant qu'il était
chaud.

Le ministère Molé fut bien vite reconnu insuffisant.
M. Guizot venait de donner sa démission et se retira
boudant et maugréant sous sa tente. On fit appeler
M. Thiers. Il proposa d'abord M. Odilon Barrot, dans
l'espoir que le roi refuserait! Le roi accepta tout.

Or, M. Thiers sachant très bien que le roi ne le
conserverait que comme une espèce de ministre
homéopathique contre la révolution menaçante, sauf
à le renvoyer, dès l'ordre rétabli, ne se souciait guère
de recommencer la comédie de 1840. *Il résolut donc de
forcer le roi d'abdiquer.*

Loin de s'opposer aux barricades, ou d'accepter le ministère pour y envoyer le maréchal Bugeaud, il profita et de ces barricades et de ce tocsin pour intimider le roi, se flattant d'être assez fort pour dire aux flots du peuple : *Jusque-là et pas plus loin !*

Il mit donc les amis et les princes de son parti en avant, pour engager le roi à abdiquer en faveur de son petit-fils.

Si le roi Louis-Philippe eût eu foi en quelque chose de divin, fût-ce à la cuisse de Jupiter, s'il n'eût pas toujours mis l'habileté de l'homme à la place d'un principe, il se fût fait broyer plutôt que d'abdiquer en face de l'anarchie victorieuse. Mais si Louis-Philippe avait cru au devoir en 1848, il y aurait également cru en 1830, et il n'eût jamais accepté des mains de 219 députés censitaires une couronne qui ne leur appartenait pas. Il ne fit donc qu'une résistance passive. Il essaya bien de haranguer la garde nationale, mais sur quelques cris de : *Vive la Réforme*, il remonta et signa son abdication, sans proférer une parole.

Seule la reine, après avoir mis doucement sa main sur le bras de la duchesse d'Orléans, l'âme de cette intrigue, lui dit, d'un ton ironique : « Allez, ma mie, présenter votre fils à la Chambre des députés. »

L'abdication signée, on exigea du roi qu'il s'éloignât de Paris, afin de donner satisfaction pleine et entière à la volonté du peuple. On fit accroire à ce malheureux roi que son départ seul suffirait pour faire disparaître les barricades, pour faire rentrer tout en ordre.

S'étant réservé le maréchal Bugeaud comme ministre de la guerre, M. Thiers ne voulut pas l'exposer à l'impopularité. Il nomma à sa place le général Lamoricière. M. Barrot fut envoyé pour haranguer le peuple et lui annoncer la bonne nouvelle. Il monta sur un cheval blanc, comme l'ange de la paix de l'Apocalypse, et fut reçu avec enthousiasme sur la place de la Madeleine. A un des coins de cette place on avait affiché en manuscrit l'avènement de la régente duchesse d'Orléans avec MM. Thiers, Barrot et Bugeaud pour ministres.

Cette ovation dura jusqu'à la rue de la Paix.

Arrivé à la rue Saint-Denis, M. Barrot fut hué par le peuple, maître des barricades.

Honteux et confus, il rebroussa chemin, accompagné lui-même de quelques émissaires du peuple.

Après avoir rendu compte de sa mission manquée, M. Barrot se rendit rue de Grenelle, prit possession du ministère de l'intérieur, fit annoncer la régence par le télégraphe dans tous les départements, et commanda aux cuisiniers du comte Duchâtel un dîner splendide qui, cinq heures plus tard, fut pris par Ledru-Rollin et ses amis.

M. Thiers, après avoir envoyé ses généraux contre l'émeute, se rendit à huit heures du matin à l'état-major de la place du Carrousel, où se trouvaient plus de vingt mille hommes prêts à marcher. En sortant de l'état-major, M. Thiers, du haut du perron, cria aux officiers : *Surtout ne tirez pas sur le peuple.* M. de Genoude m'assura avoir entendu lui-même cette exclamation de sa fenêtre en face.

Sur ces entrefaites, le peuple fraternisa avec l'armée. Vers neuf heures et demie, tout un régiment, le général Bedeau en tête, défila, la crosse en l'air, sur les boulevards, et se rendit sur la place de la Concorde.

Sur cette place se passa l'acte le plus sanglant de la révolution de Février. Au coin de la rue des Champs-Élysées et de l'avenue Gabriel, se trouvait un poste abandonné de vingt-cinq gardes municipaux, avec ordre de tirer sur n'importe qui essayerait de passer sans donner le mot de passe. Ils crièrent : *Qui vive !* et aimant mieux mourir que de manquer à l'honneur du soldat, aux cris du dehors, ils répondirent par des coups de feu.

Et à la barbe de tout un régiment stationnant sur la place de la Concorde, le peuple pénétra dans ce fort et massacra vingt-trois de ces malheureux. Deux seulement purent se sauver.

Pendant ce temps, une troupe d'insurgés et de gardes nationaux de la troisième légion engagea le combat contre un autre poste de vingt-cinq municipaux sur l'ancienne place du Château-d'Eau, en face du Palais-Royal. Ces malheureux, sourds à toutes les prières, car mon ami Leserré les suppliait de se rendre, se firent plutôt brûler que de manquer à leur consigne.

Le duc de Nemours eut un instant l'idée de se mettre à la tête de l'armée du Carrousel. Mais bientôt, aux cris de : *Sauve qui peut !* le duc disparut comme son père et ses frères.

Jamais, depuis la création du monde, victoire populaire ne fut achetée à si bon marché.

Le peuple, débouchant de tous côtés sur les talons des soldats qui rentraient à leurs casernes, pénétra dans les Tuileries comme on entre dans un théâtre le jour d'une représentation gratis. Ils n'étaient pas mille hommes, et parmi ces mille il y avait au moins deux cents étrangers.

Pour ma part, j'ai reconnu cinq Allemands, dont l'un est mort fou, l'autre a été condamné à mort à Bade, et les trois autres ont été exilés par la Prusse en 1851.

Le roi et la reine étaient partis. M. Thiers avait disparu. La duchesse d'Orléans seule, accompagnée du duc de Nemours et de ses deux fils, s'était rendue à la Chambre des députés. Peut-être l'idée d'avoir été dupe de la régente a-t-elle empêché le duc de Nemours de se mettre à la tête de l'armée et de combattre l'émeute, au risque de sa vie. Partout la régence apparaît comme le spectre rouge de la révolution de

Février, car seule l'idée de la régence avait servi de prétexte à l'usurpation de 1830.

M. Barrot, sortant du ministère de l'intérieur, se rendit à la Chambre des députés pour y proclamer la régence. MM. Marie et Crémieux demandèrent un gouvernement provisoire. M. de Genoude demanda l'appel au peuple. Il fut soutenu par M. La Rochejaquelein.

Ledru-Rollin opta également pour l'appel au peuple, mais seulement dans le but d'écarter la régence, car rien ne ressemble moins au discours prononcé le 24 février dans la Chambre, par cet orateur, que les discours qu'il prononça huit heures plus tard à l'Hôtel de Ville. Dans la Chambre, il s'opposa à *tout gouvernement qui ne fût librement institué par le peuple librement consulté*; mais à peine arrivé à l'Hôtel de Ville il demanda la proclamation de la république, menaçant la France de toutes sortes de malheurs si elle n'adoptait pas tout de suite cette forme gouvernementale, *sans aucun appel à aucun peuple*.

De sa nature, Ledru-Rollin n'est guère porté à la terreur; mais dans une révolution les hommes savent bien dans quel parti ils commencent, mais nullement dans lequel ils finissent. Si Danton et Robespierre, en 1790, avaient pu pressentir que l'un ferait guillotiner l'autre, ils n'eussent pas signé l'arrêt de mort de la jeune Gironde.

M. de Lamartine, appuyant M. Ledru-Rollin, répéta également : QU'IMPOSER UNE FORME GOUVERNEMENTALE AU PEUPLE SANS LE CONSULTER SERAIT UNE VÉRITABLE USURPATION. Et M. de Lamartine, du moins, est resté fidèle à ce principe... *pendant vingt-quatre heures*.

Au milieu de la discussion, le peuple pénétra dans la Chambre en criant : *Vive la République !* Il poussa des menaces contre le duc de Nemours, qui s'éloigna. Bientôt la duchesse d'Orléans dut également céder à la violence. Elle disparut sans avoir pris la parole.

Loin de moi de dénier l'esprit et même le courage

à cette malheureuse princesse; mais dans ce moment on peut dire que cette étrangère manqua et de présence d'esprit et de courage.

Non seulement elle aurait dû prendre la parole, mais au lieu de rester à la Chambre elle aurait dû se mettre à cheval avec l'héritier du trône et parcourir hardiment les rangs du peuple et de la garde nationale, au risque même de sa vie !

Le peuple français respecte avant tout le courage. Il n'eût jamais osé offenser une femme, une princesse, une mère. D'ailleurs la garde nationale, déjà repentie, n'eût pas mieux demandé que de reprendre à l'instant même sa revanche.

La duchesse partie, M. Ledru-Rollin monta à la tribune, et lut, avec plus ou moins d'approbation, les noms des hommes destinés à former un gouvernement provisoire.

Puis on cria : « A l'Hôtel de Ville ! »

Vers quatre heures, en quittant les abords de la Chambre, je vis sortir du jardin des Tuileries une troupe d'hommes et de femmes se dirigeant, par la rue Royale, vers les boulevards. La plupart des hommes étaient en pantalon et en manches de chemise ; quelques-uns seulement avaient conservé la blouse. Tous portaient autour du corps des ceintures de couleurs improvisées avec des morceaux de soie et de velours, vrais trophées de la prise des Tuileries. A leur tour, les femmes étaient drapées dans des étoffes de velours et de damas; les unes en déesses païennes, les autres en déesses de la liberté, quelques-unes en débardeurs avec des pantalons de velours et de satin. Tous étaient armés de sabres et de fusils. Une femme en toque et drapée dans une étoffe rouge formant traîne était assise sur un mulet ramassé dans le jardin des Tuileries. Elle suivait un gamin en bonnet rouge, portant, en guise de dais, une espèce de chaise percée et criant : « Le trône de

Louis-Philippe ! deux sous !!! » Le cortège remonta ainsi les boulevards jusqu'à la Bastille, où le prétendu trône de Louis-Philippe fut brûlé dans un feu de joie.

D'après un journal du soir, un ouvrier, à cette occasion, jetant une espèce d'échafaud dans le même feu, s'écria : « Nous ne brûlons pas seulement le trône, mais encore et surtout la guillotine ! »

En effet, jamais révolution ne fut moins avide de sang que celle de 1848.

Vers le soir, tout Paris affluait vers l'Hôtel de Ville. On n'entendait que des coups de feu de joie tirés en l'air. Toutes les maisons étaient fermées, excepté les boulangeries, les charcuteries et les débits de vin, donnant leurs marchandises gratis au premier venu. La ville était hérissée de barricades. Il n'y avait plus ni loi, ni gouvernement, ni police ! Les hommes avaient disparu !

« Nous voilà à la grâce de Dieu, » me disait un bourgeois. Comme si les hommes n'étaient pas toujours à la grâce de Dieu !

Mais qu'était donc devenu M. Thiers ? Nul ne le sait. M. Veuillot seul, dans son journal, nous apprit plus tard que M. Thiers s'était caché dans une cave des Tuileries et qu'il en sortit avec une perruque blanche sur la tête et des lunettes bleues sur le nez. Je ne répète ce fait que sous bénéfice d'inventaire. Il ne fut jamais démenti.

III

UN COUP D'ÉTAT

Paris était donc à la grâce de Dieu et du peuple. Nulle part une trace d'autorité. Les soldats s'étaient retirés, les uns dans leurs casernes, dont bientôt le peuple s'empara les autres hors Paris. La garde nationale, foudroyée par les événements du jour, rentra l'oreille basse, ne sachant quoi garder, puisqu'il n'y avait plus rien. Le gros du peuple reflua vers l'Hôtel de Ville, d'autres campèrent dans les rues derrière les barricades, en tirant des coups de feu de joie et en levant des contributions en nature sur les charcutiers, les boulangers et les marchands de vin. .

Il faut rendre justice au peuple de Paris. Il est resté pur de tout excès. Le peuple, en général, ne devient furieux et criminel qu'autant qu'il est excité par des chefs ambitieux. Mais le 24 février, le peuple n'avait point de chefs. Les uns étaient encore retenus en prison, les autres ne s'étaient pas encore révélés à eux-mêmes.

Il y avait pourtant une société secrète à la tête du mouvement, mais les hommes les plus influents, venant de s'emparer du pouvoir, devinrent forcément conservateurs du fait accompli du jour.

Le gouvernement provisoire était composé de :
MM. Dupont (de l'Eure),
    François Arago,
    Lamartine,

MM. Garnier-Pagès, que le peuple appelait le frère du
   bon,
      Marie,
      Crémieux,
      Ledru-Rollin,
      Goudchaux, qui se retira quelques jours plus
         tard,
MM. Marrast et Louis Blanc n'étaient d'abord que
secrétaires du gouvernement. Mais cette distinction
disparut bien vite, puis :
MM. Flocon
      Albert, dit l'*ouvrier.*
Caussidière s'était emparé de la préfecture de police.

Le *National* et la *Réforme* se donnèrent un baiser
Lamourette sur les ruines de la dynastie de Juillet.

L'élément conservateur était représenté par MM. Arago,
Lamartime et Marrast.

MM. Ledru-Rollin, Flocon et Louis Blanc étaient les
chefs du mouvement.

Les autres membres du gouvernement provisoire
servaient d'appoint, tantôt à droite, tantôt à gauche.

M. Albert n'opinait que du bonnet, mais toujours du
côté de son ami Louis Blanc.

Il s'agissait avant tout de donner un nom à l'état
de choses nouveau-né.

Ledru-Rollin qui, dans la Chambre, venait de se
prononcer pour un appel au peuple, demanda la proclamation de la république. De bonne heure, le peuple,
le 25 février, se réunissant devant l'Hôtel de Ville,
demanda à voir *son gouvernement* face à face. Quelques
bonnets rouges s'étaient montrés dans la rue. Nombre
d'ouvriers et de bourgeois, membres des sociétés secrètes, portaient des morceaux de laine rouge à leurs
boutonnières. Le drapeau rouge flottait au-dessus de
quelques groupes qui, tambour battant, se rendaient
à la place de Grève. On savait que, dans le gouver-

nement provisoire, il y avait quelques velléités, quoique faibles, pour la régence. Il fallait en finir et prestement.

M. de Lamartine parut au balcon de l'Hôtel de Ville pour haranguer la foule toujours grossissante et qui allait devenir menaçante.

Sans se troubler un instant, M. de Lamartine, d'une voix ferme, répondit, en ma présence aux cris de Vive la République : *que proclamer la république sans consulter le peuple français, ce serait usurper au nom de la minorité de Paris les droits de trente-cinq millions de Français.*

Cette harangue ne se trouve pas dans le *Moniteur*, mais je l'ai entendue de mes propres oreilles, et la *Presse* l'a insérée textuellement.

Ce jour-là, M. de Lamartine a été sublime d'inspiration, de courage et de vérité.

Il est des jours qui valent des siècles !

Voyant le drapeau rouge flotter au-dessus de la tête du peuple, M. de Lamartine s'écria : « Pas de drapeau rouge ! Le drapeau rouge n'a fait que le tour du Champ-de-Mars, le drapeau tricolore a fait le tour du monde ! »

Et le peuple d'applaudir des pieds, des mains et de la voix.

Dès lors le drapeau rouge s'abaissa. Deux heures après, les décorations rouges avaient disparu.

Le bourgeois, remis de sa frayeur, reparut dans les rues, en képi et armé, soi-disant pour veiller avec les ouvriers sur les barricades. Seulement toutes les décorations de la Légion d'honneur avaient disparu.

Pourtant, si grand que fût le succès de Lamartine en présence du peuple, dans le conseil sa voix s'isolait de plus en plus.

Il faut en convenir, le gouvernement provisoire n'était pas couché sur des roses. A tout instant parurent des groupes d'hommes armés qui, en faisant

sonner les crosses de leurs fusils... non chargés,
demandaient en grasseyant : la république ou la
mort !

Étaient-ils envoyés par Ledru-Rollin ou Louis Blanc?
Qu'importe !

Il est de fait qu'un de ces hommes — ce fut le fameux
M. de Lavarenne — menaça M. de Lamartine de lui
brûler la cervelle s'il ne votait pas pour la proclamation de la république.

M. de Lamartine, hélas ! céda. Il croyait, par cette
concession, éviter la guerre civile.

D'ailleurs, sur qui s'appuyer ? Sur la garde nationale ? Il n'y en avait plus. Sur l'armée ? Elle s'était
dissoute. Elle avait fraternisé avec le peuple.

Il ne lui restait que le sacrifice de sa vie.

Je suis certain que, malgré toutes les menaces, on
n'eût point osé toucher à un cheveu de Lamartine,
l'idole de Paris d'alors.

Eût-il même été sacrifié, mieux eût valu pour lui
glisser sur l'escalier de l'Hôtel de Ville que sur les
pavés des journées de Juin.

Jamais M. de Lamartine ne trouvera plus un si beau
moment pour mourir. Savoir mourir à propos, au
milieu de la grandeur, de la force et de la gloire, est
un des apanages des élus de Dieu.

A leur tour, les républicains ont commis une faute
capitale, impardonnable, en usurpant gratuitement la
forme gouvernementale.

Manquer à la justice et au devoir d'où seul naît le
droit, c'est toujours manquer son but.

On a longtemps cité le mot de Danton : « De l'audace, de l'audace, toujours de l'audace ! » A quoi ce
mot a-t-il conduit Danton ? A la guillotine ! A quoi
a-t-il fait aboutir la France ? Au despotisme dégra-
dant de l'empire ! Il n'est point d'autre audace bienfaisante, grosse de toutes sortes de prospérités

humaines, que celle de la justice et de la vérité, dût-on sacrifier fortune et vie! Profiter du fait de la force et du nombre aux dépens du droit et de la justice, *ce n'est point de l'audace, mais de la couardise.* Quiconque doute de la vérité de la justice, du droit et de la vertu est un lâche, ou va le devenir. Il sera *nolens volens* poussé à d'horribles crimes, il se noiera dans la mare de sang qu'il vient de faire sourdre de la violence et de l'iniquité. Résister à l'injustice, à la force inique, au fait brutal, voilà la vraie audace. Si le gouvernement provisoire sans mandat, au lieu de proclamer la république, eût consulté la France ; si M. de Lamartine, tout seul qu'il fût, eût persisté, en disant à ses collègues dantoniens : *Vous ne proclamerez aucune forme de gouvernement sans avoir consulté la France, à moins de passer sur mon corps,* nul doute qu'au bout de huit jours la nation eût répondu presque à l'unanimité : *La république.* Qui donc eût osé la renverser ! Qui donc eût jamais osé consulter la France de nouveau ! Le scrutin à peine annoncé, le peuple entier alors eût pu crier au gouvernement provisoire : De l'audace, de l'audace, toujours de l'audace !

Oui, le 25 février, si le gouvernement provisoire avait convoqué le peuple français le lendemain de la fuite honteuse de la monarchie, pas un Français n'eût osé voter pour un roi. Il a fallu que la république montrât ses pattes rouges pour faire regretter la monarchie.

La monarchie, comme tout ce qui est humain, a ses grands vices. Si les hommes étaient raisonnables, justes et vertueux, jamais ils n'eussent vu la barbe d'un roi !

La vraie question est celle-ci :

Y a-t-il une société dont la majorité des hommes ne soient pas des créatures médiocres, sans idéal, et qui, par leur nature, ont besoin d'être commandés, afin de pouvoir être heureux par l'épanouissement de leur travail ?

Y a-t-il une société qui puisse exister quinze jours, dès que cette majorité fait la loi, exigeant la jouissance de tous leurs droits, sans accomplir un seul de leurs devoirs ?

Qu'on mette deux mille hommes, l'un DERRIÈRE l'autre, et qu'on les fasse marcher : tout le monde arrivera, sain et sauf, un peu plus tôt, un peu plus tard.

Qu'on essaye alors de mettre ces hommes DE FRONT l'un à côté de l'autre sur le même alignement ; qu'on leur ordonne d'avancer, sans que l'un consente à laisser passer l'autre.

Au bout de cinq minutes, plus d'alignement, plus de marche. L'un se ruera sur l'autre ; deux tiers de ces malheureux resteront sur le champ de bataille.

Certes, la république est l'idéal de l'humanité. Il viendra un jour où elle sera la seule forme gouvernementale de l'univers. Il y a à peine quelques siècles, l'Europe ne possédait point un seul hospice. Avant peu, l'instruction sera forcément universelle, gratuite et obligatoire. Il y aura partout des établissements pour des invalides civils, plus encore, pour tout honnête homme de soixante ans ayant fait son devoir. Nul homme raisonnable n'admettra que le pauvre, le travailleur paye un impôt quelconque. L'impôt, c'est la garantie de la justice sociale, garantissant surtout le travail accumulé du riche. Il est inique, il est absurde de faire payer au pauvre le prix d'assurance du riche. Autant condamner un prisonnier à payer son geôlier. Le règne de la paix et de l'amour fraternel n'est nullement une utopie : il est dans la loi de la nature ; mais cette loi est absolue. Elle exige que l'un fasse son devoir, pour que l'autre jouisse de ses droits. Elle n'est ni dans le surnaturalisme — le devoir sans droit ; — ni dans l'athéisme — le droit sans devoir. J'ai le droit, il est de mon devoir de prouver à mes concitoyens que le gouvernement électif seul est capable de les rendre heureux. Mais je n'ai pas le droit de leur imposer cette forme de gouvernement contre leur volonté. Rien de bien ne sort jamais d'un mal, et jamais la liberté ne fut enfantée par une usurpation.

Tel ne fut pas l'avis du gouvernement provisoire. Le soir même, une proclamation fut affichée dans tout Paris, commençant par ces mots :

La royauté sous n'importe quelle forme est abolie. Plus de légitimité, plus de bonapartisme, plus de régence ! Le gouvernement provisoire veut la république, sauf la ratification du peuple.

Ce n'est plus la république votée, proclamée par le peuple, mais la ratification d'un fait brutal.

D'ailleurs, après avoir dit : « Plus de royauté sous n'importe quelle forme, » que restait-il donc au peuple, sinon la consécration du fait accompli, ou la guerre civile ?

Ex facto orietur jus. C'est la devise des coups d'État de tous les despotes !

Avec cette proclamation, *le pouvoir était usurpé.* Ce n'était plus un gouvernement *provisoire*, mais un gouvernement *constituant*, un coup d'État. Toute la France était réduite à la place de Grève, et, sur cette place, trois cents jeunes sans génie, sans talent, sans raison et sans expériences, dictaient leur volonté, en l'imposant, à travers le gouvernement provisoire, à trente-cinq millions de Français.

Le 25 février, la révolution avait son libre arbitre. Elle pouvait opter entre le principe du droit et de l'usurpation. Le 26, elle s'est jetée dans les bras du droit du plus fort. Dès lors, la logique la poussait en avant dans la même voie, à travers la boue et le sang, vers le despotisme. Tous ces décrets qui parurent par douzaines dans le *Moniteur* n'eurent plus qu'une importance secondaire. Il ne s'agissait plus de savoir où était la justice contre l'injustice, la raison contre la folie, la violence contre la liberté ; il ne s'agissait plus de savoir qui des deux avait raison, de Marrast ou de Louis Blanc, de Lamartine ou de Ledru-Rollin, *mais uniquement lequel de ces deux est ou sera le plus fort.*

Dès ce moment aussi, il y eut plusieurs gouvernements provisoires, dont chacun espérait se rendre maître des autres, en vertu de ce même *droit du plus fort.*

Pourquoi pas ? Si MM. Lamartine et Arago ont le droit de proclamer la république, Louis Blanc a absolument le même droit de proclamer l'égalité du salaire. Après Louis Blanc, Proudhon eût eu le même droit de proclamer l'abolition de la propriété. Il n'eût fallu pour cela que le succès matériel, c'est-à-dire la force brutale de quelques bons compagnons, qui d'abord eussent jeté Lamartine par les fenêtres de l'Hôtel de Ville pour y introniser Louis Blanc, sauf à le renvoyer plus tard pour proclamer M. Proudhon ou même M. Chenu.

Cercle vicieux, dans lequel le gouvernement provisoire, de gaieté de cœur, s'était enfermé depuis le 26 février jusqu'au 3 mai.

Il envoya MM. Blanc et Albert au Luxembourg dans le but de les dépopulariser, et MM. Louis Blanc et Albert n'eurent rien de plus pressé à faire que de former un gouvernement provisoire à eux, attendant le jour favorable pour imposer leur pouvoir.

M. Marrast se créa une police à part pour surveiller MM. Caussidière et Sobrier, qui, à leur tour, ne travaillaient qu'à se rendre maîtres du pouvoir.

M. Ledru-Rollin, qui ne goûtait pas beaucoup les systèmes socialistes, se tenait entre les deux extrêmes, n'attendant qu'un moment favorable pour se défaire des deux partis et pour établir son pouvoir sur leurs ruines, fussent-elles ensanglantées.

Ces différents dictateurs en herbe, se neutralisant les uns sur les autres, laissèrent à la bourgeoisie le temps de se remettre de sa frayeur. Deux jours après la proclamation de la république, on osa railler tous ces projets, sortant de dessous terre comme des champignons un jour de pluie, et cette fois-ci le ridicule tua !

IV

VAINQUEURS ET VAINCUS

En dehors du gouvernement provisoire, il se formait également différents centres politiques très influents. Le journal *la Presse* exerça bientôt une espèce de pouvoir public. Cette feuille, qui, à l'exception de son opposition à M. Guizot, a toujours pris la défense du fait accompli, criait: *Confiance! confiance!* encourageant, sermonnant, de la parole et du geste, ses nombreux lecteurs. En peu de jours, *la Presse* devint le journal conservateur de la république, dont Lamartine était le représentant.

A l'Hôtel de ville, tout était sens dessus dessous. Le gouvernement provisoire n'avait pas dormi depuis quarante-huit heures. Il aurait, il est vrai, mieux fait de se coucher. Tous les hommes portaient des brassards rouges. Tout le monde était gouvernant; personne ne voulait plus avoir l'air d'être gouverné. La table était richement approvisionnée, et le couvert de tous les assistants était mis jour et nuit. Le palais du peuple ne désemplissait pas.

Les antichambres conduisant à la salle où siégait le gouvernement étaient remplies de solliciteurs, parmi lesquels bon nombre de vaincus, qui venaient présenter leurs vieux hommages polychromes à la république naissante. Des serviteurs les plus fidèles de Louis-

Philippe, au bout de vingt-quatre heures, avaient fait la découverte, qu'au fond ils n'avaient jamais été autre chose que des républicains déguisés en orléanistes, et qu'ils n'avaient servi si fidèlement, que parce qu'ils étaient convaincus que la république pousserait sous les talons de la dynastie d'Orléans.

Ah ! si je voulais nommer tous ceux que j'ai vus faire le pied de grue et croquer le marmot républicain, dans les antichambres de l'Hôtel de Ville !

Si je voulais nommer tous ces nobles besaciers qui, la veille encore, n'avaient que du dédain pour ces fous de républicains (1) !

On connaît la lettre de foi et hommage du fameux maréchal Bugeaud.

Bref, à quelques exceptions près, les conservateurs de la monarchie firent leur soumission, non sans demander à être récompensés à l'instant même.

Parmi les lettres d'adhésion que reçut le gouvernement provisoire figure celle qui suit :

« Messieurs,

« Après trente-trois années d'exil et de persécution, je croyais avoir acquis le droit de trouver un foyer sur le sol de la patrie. Vous pensez que ma présence à Paris est maintenant un sujet d'embarras, je m'éloigne donc *momentanément*. Vous verrez dans ce sacrifice la pureté de mes intentions et la sincérité de mon patriotisme.

« Paris, le 29 février 1848.

« Napoléon-Louis BONAPARTE. »

A peine la nouvelle de la révolution fut-elle parvenue à Bonaparte, qu'il partit pour Paris dans le but de présenter sa carte de visite.

(1) Je nommerai cependant Jules Janin qui devait tout ce qu'il était à la faveur du roi.

Louis Blanc avait proposé au gouvernement provisoire l'arrestation du prince ; mais, sur l'avis de Lamartine, le gouvernement le pria seulement de s'éloigner.

Qu'aurait-on fait si le comte de Chambord eût osé se présenter ?

V

ABOLITION DE LA PEINE DE MORT EN MATIÈRE POLITIQUE.

Supposé que le gouvernement provisoire eût consulté directement la nation, et que la nation, en huit jours, eût répondu : *la République*, tout en nommant des mandataires pour la constituer. A côté du suffrage universel la liberté de la presse et des réunions se serait établie et maintenue sans conteste, sauf à s'organiser toute seule, comme toute liberté humaine contenant en soi-même ses lois du mouvement. L'idée serait-elle venue à un mortel quelconque, ministre ou non, d'abolir la peine de mort en matière politique ? Il est permis d'en douter. Quand un peuple, non seulement décide librement de la forme de son gouvernement ; quand il possède tous les éléments pacifiques pour se donner les lois qu'il désire, pour abolir les privilèges et les abus qui le gênent ; quand il a la liberté de la parole et de la plume pour convaincre toutes les intelligences, tout homme qui aurait recours à la force brutale, à la sédition armée pour imposer son pouvoir et sa volonté, eût-il cent fois raison, serait le dernier des scélérats, le premier des criminels ! Lui pardonner le sang versé serait un crime de lèse-raison, une lâcheté ! L'idée d'abolir la peine de mort en matière politique n'eût jamais pu surgir d'une société fondée sur le droit et la justice. Elle est la fille bâtarde du coup d'État de la révolution.

La France, depuis 1789, n'a pas eu un seul gouvernement qu'elle se soit librement donné à elle-même. Elle a continuellement marché de révolution en révolution, de coup d'État en coup d'État. Le règne de la Terreur, le 9 Thermidor, le 18 Brumaire, le Consulat, l'Empire, autant de coups d'État, c'est-à-dire des faits établis par la violence brutale, ratifiés, bon gré mal gré, par la nation intimidée ou lassée. La *Restauration*, un fait brutal imposé par l'étranger. La révolution de 1830, coup d'État populaire, exploité par la bourgeoisie au profit de Louis-Philippe, proclamé roi par deux cents députés censitaires, sans droit, ni foi, ni loi. La révolution de Février, après avoir fait table rase, eût seule pu rentrer dans le droit. Elle aurait pu rendre au vrai César, *au peuple souverain,* ce qui lui appartient, savoir : le droit de décider de la forme du gouvernement, et de déléguer ses pouvoirs à des représentants constituants. J'aurais bien voulu voir alors un prétendant venir étaler sa candidature à la délégation éternelle et permanente ; j'aurais bien voulu voir l'homme, osant proposer l'abolition de la peine de mort, pour quiconque eût voulu imposer sa personne et sa volonté par la force des armes, par une tentative à main armée! Mais comme la proclamation de la République, avant d'avoir consulté la nation, était elle-même un coup d'État, résultat d'un fait brutal, l'idée devait venir à certains hommes d'abolir la peine de mort pour des tentatives pareilles. Au lieu de voir dans la révolution de Février la justice logique, inexorable de la loi de Dieu, les membres du Gouvernement provisoire n'y ont vu qu'un coup de main bien réussi, et ils n'ont eu rien de plus pressé que d'en appeler d'autres, de leur ouvrir les portes toutes larges, en promettant à leurs instigateurs une impunité complète. Car, garantir la vie sauve à un conspirateur, sacrifiant à son outrecuidante ambition la fortune et la vie de ses semblables valant mieux que lui, c'est une invitation permanente à la valse révolutionnaire, c'est proclamer implicitement le droit du plus fort, l'anarchie et la guerre civile en permanence.

C'est, en effet, ce qu'a fait le Gouvernenent provisoire par le décret d'abolition. En rayant la peine de mort pour des conspirations politiques, il avait l'air de dire : « Venez, messieurs les prétendants, accourez, essayez de vous emparer du pouvoir; et vous, messieurs Blanqui, Proudhon, Louis Blanc et Ledru-Rollin, persévérez dans vos conspirations contre nous. Essayez de prendre le pouvoir absolu par n'importe quelles voies et quels moyens. Nous vous garantirons la vie sauve si nous sommes vainqueurs; à une condition, toutefois, c'est que vous nous laisserez nos têtes sur nos épaules, en cas que la victoire se décide en votre faveur. » Espèce d'assurance mutuelle d'impunité entre conspirateurs, prétendants et clubistes, dont la nation fut l'enjeu. Pareille défaillance, il n'y en a pas d'exemple dans l'histoire ! Les membres du Gouvernement provisoire s'en vantent encore aujourd'hui. Vraiment, il n'y a pas de quoi ! Pour avoir aboli la peine de mort en matière politique, ont-ils aboli la guerre civile, ont-ils aboli les événements de Juin, le 2 Décembre ? Bien au contraire. Il n'y a pas de hasard dans la vie, ni civile, ni politique. Les événements de Juin étaient logiques, inévitables ; ils étaient en germe dans la proclamation usurpée de la République ; dès le décret de l'abolition de la peine de mort, ils étaient en fleurs. Le 17 mars, le 16 avril, le 15 mai en étaient les feuilles et les tiges ; puis enfin ils se sont épanouis dans toute leur immensité sanguinaire, rasant, étouffant, fauchant la liberté, comme une armée de sauterelles qui se jettent sur une récolte.

Abolir la peine de mort pour assassinat, c'est appeler à l'heure même la loi du talion, contre laquelle elle fut inventée. Il en fut de même en matière politique. Pendant la guerre civile, on n'a plus traduit les cons-

pirateurs saisis devant le tribunal, on les a bel et
bien fusillés sur place, sans jugement ni enquête. Le
décret d'abolition de la peine de mort par le Gouvernement provisoire, pour vingt hommes de jugés, a
sacrifié des centaines de vies, soit pendant les événements de Juin, soit après le coup d'État en 1851.
Toute défaillance, toute faiblesse porte en soi des
crimes et du sang. Nul n'est un homme d'État qui
n'est philosophe, qui ignore la logique, c'est-à-dire la loi
des causes et des effets, la loi de Dieu. Un véritable
homme d'État n'admet jamais que la stricte justice,
dont tout mortel porte en soi l'instinct. Un véritable
homme d'État ne subit jamais le droit du plus fort.
Comme saint Denis, il porte toujours sa tête dans ses
mains, prêt à la livrer, plutôt que de céder à une
injustice, à une iniquité, à la force brutale, violant
les droits les plus sacrés du peuple, de la patrie et de
l'humanité.

LA LIE QUI MONTE

Pendant que le Gouvernement provisoire décrétait, ordonnançait, légiférait, le peuple victorieux, c'est-à-dire le peuple qui vient après la victoire, s'amusait dans les châteaux royaux, pris d'assaut sans coup férir.

Chose plus que curieuse ; il est d'usage, en France, après une révolution, de donner la liberté à tous les prisonniers des deux sexes, comme si les révolutions n'étaient faites qu'au profit des galériens et des prostituées, leurs moitiés naturelles. Le soir même du 24 février, les habituées de Saint-Lazare furent mises en liberté.

Pour donner une apparence de raison à cet affranchissement du vice, on parlait de la formation d'un corps d'amazones sous le titre de *Vésuviennes*. Elles se costumèrent en débardeurs de guerre, et plusieurs de ces héroïnes de carrefour se firent nommer officiers. Tout Paris en faisait des gorges chaudes.

Un de ces corps de ribauds mâles et femelles avait envahi les Tuileries. Une autre de ces hordes prit et saccagea le château de Neuilly. Mal leur en prit.

Pendant que les couples vainqueurs, ivres-morts, se vautraient dans les salons, sur les tapis d'Aubusson et des Gobelins, le feu éclata à la cave dans un tonneau d'eau-de-vie. Il monta rapidement les escaliers inondés de liqueurs et de vins, léchant de ses mille langues toute cette écume humaine, qu'il étouffa, les uns après les autres, comme une pannerée d'anguilles se tortillant en mille enlacements, sans pouvoir sortir de ce cercle de flammes et de fumée.

Le sort n'en épargna aucun.

Il n'en fut pas tout à fait de même du bal des Tuileries, orgie plutôt comique que tragique, mais d'une certaine portée politique.

Le 26 février, vers le soir, on lut sur l'arc de triomphe de la barrière de l'Étoile l'invitation suivante, en grosses lettres illuminées :

Ce soir, *grand bal du peuple aux Tuileries.*

Plusieurs personnes, lisant cette inscription assez drôle, croyaient que c'était une satire contre les bals de Louis-Philippe, mais ce fut bien une orgie en chair et en os.

Tous les salons, y compris les appartements de la reine et de la duchesse d'Orléans, furent métamorphosés en salle de bal et en cabinets particuliers. Toutes les *Vésuviennes* s'y trouvaient, les unes costumées, les autres en toilette de bal. Il y avait même un roi et une reine du bal. Il y eut un souper, et bientôt ce n'était plus qu'une cohue, qu'une bacchanale.

On a reproché à Caussidière d'avoir toléré de petits soupers dans son hôtel de la préfecture de police ; mais qu'étaient ces agapes républicaines vis-à-vis de l'orgie des Tuileries ?

De vraies peccadilles! Aussi le Gouvernement provisoire entra-t-il en fureur en lisant un rapport sur ce bal. Caussidière lui-même pestait et malmenait ses amis qui avaient présidé à la fête et qui, eux-mêmes, vers la fin, en furent expulsés, après avoir essayé quelques remontrances paternelles.

Pour cette fois-ci Caussidière tomba d'accord avec le Gouvernement provisoire. Ordre fut donné d'expulser ces ribauds des Tuileries. Ce ne fut pas chose facile. On parlementait, on faisait des promesses ; enfin, au bout de deux jours d'allées et de venues, la bande, car elle n'eut rien de commun avec les républicains, évacua le palais transformé en Cour des miracles, aux applaudissements sincères de toute la presse, de toutes les honnêtes gens de Paris.

Une révolution supporte parfois la tragédie ; mais la farce lui est presque toujours mortelle !

VII

LA MATINÉE DU 8 MARS

D'ordinaire une secousse si violente que celle du 24 février est suivie, coup sur coup, de plusieurs chocs plus dangereux que la catastrophe elle-même. Nous avons vu que le Gouvernement provisoire, après avoir vaincu le drapeau rouge, fut forcé, à son corps défendant, de proclamer la République.

Cette concession à peine faite, les chefs du mouvement, semblables à des enfants, désirant cueillir les fruits avec les fleurs, demandèrent les conséquences pratiques de leurs théories socialistes.

La République une fois proclamée, il était logique d'exiger qu'elle fût exclusivement confiée à des républicains.

Il est vrai que, dès ce moment, tout le monde, à l'envi, se déclara républicain. Comme les nombreux fabricants d'eau de Cologne, chacun se vanta d'être le seul et unique *Farina;* mais le peuple, et surtout les meneurs des sociétés secrètes, savaient très bien que l'élément républicain n'était pas prédominant dans le Gouvernement provisoire.

D'ailleurs, la forme, le nom n'étaient rien pour eux. Il s'agissait de la solution des problèmes sociaux tant débattus depuis une dizaine d'années. Il s'agissait de pratiquer les maximes socialistes appliquées au travail et au salaire.

M. de Lamartine, grâce à son *Histoire des Girondins,*
était accepté, acclamé même comme républicain; mais
le peuple, le lendemain d'une révolution, ne se con-
tente pas d'un homme d'État, il lui faut un dictateur,
un dictateur qui soit sa créature et qui exécute sa
volonté.

Il s'agissait de créer un dictateur socialiste.

Il fut donc résolu de se rendre en masse auprès du
Gouvernement provisoire et de lui imposer de force
un Ministère du progrès.

Ministère du progrès ! Le mot est très doux, presque
insignifiant. Qui, en effet, oserait s'opposer au progrès
le lendemain d'une révolution ?

Hé bien ! comme toujours, il y avait toute une révolution violente derrière ce mot. Il ne s'agissait de
rien moins que de jeter le Gouvernement provisoire
par les fenêtres de l'Hôtel de Ville et de proclamer
dictateur Louis Blanc, sous le titre de *Ministre du
progrès.*

Cette tentative hardie échoua, non pas parce que le
Gouvernement provisoire lui opposa son courage et sa
force, *mais uniquement parce que Louis Blanc recula
au moment décisif.*

Ce fut le 8 mars. L'Europe, Paris même ignora les
événements de cette journée. De bonne heure, plus de
vingt mille ouvriers, tambour battant, enseignes
déployées, occupèrent la place de l'Hôtel-de-Ville. Les
chefs se détachèrent de la masse et se rendirent
auprès du Gouvernement provisoire, sous prétexte de
demander un ministère du progrès. Le gouvernement,
un peu étonné de cette demande, promit de la prendre
en sérieuse considération.

*Pendant qu'il délibérait, les chefs du mouvement
n'attendaient qu'un signe de tête de Louis Blanc pour
mettre leur projet à exécution.*

Qu'on se mette un instant à la place de Louis Blanc.

Certes, Robespierre n'eût pas hésité une seconde;

mais Robespierre avait la foi; ses principes politiques étaient subordonnés à son principe religieux. L'avouerai-je, M. Louis Blanc, grand critique, grand orateur politique, ne croyait pas, ne pouvait pas croire à ses principes *socialistes*. Qu'eût-il pu faire le lendemain de sa dictature? Proclamer l'égalité du salaire? Cette utopie impossible a failli, huit jours plus tard, lui ravir sa popularité et sa réputation d'homme d'État.

Il resta donc, au milieu du Gouvernement provisoire, debout, pâle, frissonnant, ruisselant de sueur, sans oser donner le signal attendu.

Et les délégués, après une vaine attente, retournèrent auprès de leurs amis et leur annoncèrent que le Gouvernement provisoire venait d'obtempérer à leur demande, en envoyant Louis Blanc au Luxembourg en qualité de ministre du progrès.

Il n'en fut pas ainsi tout à fait. A peine les masses avaient-elles évacué la place, que la majorité du gouvernement rejeta le mot : *ministère du progrès*, attendu que tout ministre de la République ne pouvait être qu'un ministre du progrès. Seulement, sur l'avis de MM. Arago, Crémieux et Lamartine, il résolut d'envoyer MM. Louis Blanc et Albert au Luxembourg pour présider une *commission du travail*, destinée à discuter, à élaborer, à parfiler tous les problèmes sociaux du travail et du salaire.

Inutile d'ajouter que le mot *commission* fit rire le Gouvernement provisoire lui-même.

Louis Blanc, pour prouver à ses amis qu'il n'avait point reculé devant ses principes, proclama le jour même le droit au travail.

C'était chose facile. Il n'y avait préalablement plus de travail.

Son plan fut de former et d'organiser le parti socialiste, en opposition au parti politique de l'Hôtel de Ville. Le cheval était parti, on ferma l'écurie. Il fallait faire cela à l'Hôtel de Ville même.

3.

La préfecture de police et le ministère de l'intérieur formèrent déjà deux autres gouvernements.

Le Luxembourg de Louis Blanc devint un quatrième gouvernement provisoire.

Lamartine me disait quinze jours plus tard : « Nous avons envoyé Louis Blanc au Luxembourg, dans l'espoir qu'il s'y usera rapidement.

— Je le sais bien, lui répondis-je, vous l'avez envoyé au Luxembourg, parce qu'il n'a pas osé vous envoyer au diable ! »

VIII

BAGATELLES RÉVOLUTIONNAIRES

Durant des journées entières, le Gouvernement provisoire était occupé, excédé de réceptions, d'abord des cours de justice et autres établissements gouvernementaux, puis des députations de tous les corps de métiers, qui tous en déposant une offrande sur l'autel de la patrie s'en allèrent bourrés de promesses pour l'avenir.

A chaque députation, un membre du Gouvernement provisoire, d'ordinaire ce fut M. Marrast, répondit par un discours, d'abord assez long, puis plus court, puis enfin par des serrements de main et des signes de tête.

De nouveaux journaux venaient d'être fondés.

Le Peuple constituant, par M. de Lamennais, qui, on ne sait pourquoi, ne fut pas nommé membre du Gouvernement provisoire. A son tour, M. Raspail, également oublié, créa *l'Ami du Peuple*. Il débuta par une violente attaque contre le gouvernement établi à l'Hôtel de Ville, mais le temps de la réaction n'était pas encore venu. Les étudiants brûlèrent sur la place publique le numéro contenant cette diatribe.

M. Bareste, ancien protégé de M. de Salvandy, fonda *la République*. MM. Cahaigne et Sobrier, établis dans la rue de Rivoli, n° 16, publièrent *la Commune de Paris*, destinée à devenir *le Moniteur des clubs ;* enfin le parti orléaniste créa *l'Assemblée nationale*.

Les condamnés politiques arrivèrent peu à peu à Paris. Ils vinrent un peu tard, car le Gouvernement provisoire était fondé et acclamé. Plusieurs d'entre eux acceptèrent différentes fonctions, mais les chefs se tenaient à l'écart dans l'arrière-pensée de former, eux aussi, un gouvernement à part.

De ce nombre furent Barbès et Blanqui.

Blanqui fonda un club dans la rue de Grenelle-Saint-Honoré. J'ai assisté à la première séance de ce club. Un orateur parlait à tort et à travers pendant que Blanqui faisait son courrier. Sa figure blême, ses cheveux ras, sa barbe touffue, tout son maintien annonçait un homme créé et mis au monde pour le rôle de conspirateur.

Barbès porte le même cachet, seulement c'est un conspirateur gentilhomme.

Les clubs poussaient comme des champignons.

Tous les jours il s'en créa de nouveaux. Chaque quartier, presque chaque rue voulut avoir le sien.

Toutefois, au mouvement succéda de près le contre-mouvement. Les vaincus se mêlant aux vainqueurs, en les assourdissant de leurs acclamations, songèrent aux mesures à prendre pour n'être pas débordés. Des clubs réactionnaires sous différents noms se formèrent partout : entre autres le club de la *Garde nationale* dans le manège *Fitte*, un autre dans le dixième arrondissement, un autre *passage Jouffroy*. Nombre de clubs se constituèrent en vue des élections de la garde nationale et de l'Assemblée.

Les étrangers aussi, surtout les Allemands et les Polonais, formèrent des clubs. Ils ne furent pas les moins violents ni les moins insensés.

M. de Lamartine fit une faible tentative contre les clubs; mais, après avoir consenti à la proclamation de la République, force lui fut de se soumettre à la majorité du gouvernement, qui d'ailleurs ne se mouvait nullement dans une pleine et entière liberté.

M. de Girardin, après avoir crié *Confiance*, chercha à se réconcilier avec les républicains, en se rendant avec eux sur la tombe d'Armand Carrel, à Saint-Mandé. Ce fut de sa part une démarche expiatoire. Elle eût été appréciée, si elle avait eu lieu une année plus tôt. Dans ce moment, on ne put y voir qu'une lâcheté et qu'un hommage au succès.

IX

MANIFESTE DE LAMARTINE

M. de Lamartine publia son manifeste de non-intervention adressé à l'Europe.

Le mot barbare de *non-intervention* fut inventé par la bande éclectique, cuistres parvenus, ayant un principe pour chaque couardise, une maxime pour chaque défaillance.

Votre voisin gît malade, d'une maladie contagieuse : non-intervention ; gardez-vous bien d'accourir pour le soulager. Votre prochain, un brutal, bat sa femme, martyrise son enfant : non-intervention ; laissez-le faire. La maison en face brûle ; sauvez votre caisse et allez-vous-en : non-intervention. On vole, on assassine ; passez votre chemin : non-intervention.

Il est vrai, pour guérir un malade, il faut bien se porter ; pour pouvoir intervenir avec succès entre un mari brutal et une femme battue, il ne faut pas battre la sienne ; pour juger un voleur, il faut être honnête homme.

La non-intervention politique est encore plus absurde. Les nations sont aussi solidaires les unes des autres que les cités de la même patrie, que les familles de la même cité, que les individus de la même famille. C'est pure couardise que de dire : « Chacun pour soi. » Nos pères, qui nous valaient bien, n'ont pas connu ce mot, encore moins la chose. Ils n'eussent jamais osé

dire qu'ils resteraient l'arme au bras en présence
d'un peuple frère opprimé, criant vers eux, étendant
les bras pour leur demander secours et protection.
C'est que la république du Gouvernement provisoire
n'était pas légitime ; elle n'était proclamée que par
Paris. *Si la France entière consultée eût fondé la république, jamais Lamartine n'eût osé publier un manifeste pareil.* Ce n'était, en réalité, que des phrases
faufilées l'une à l'autre avec du gros fil, bâties pro-
visoirement, et se contredisant continuellement. Il
avait l'air de dire aux nations de l'Europe : « La
France vient de se constituer en république, gardez-
vous en bien de l'imiter ; si pourtant le cœur vous en dit,
libre à vous ; vous aurez nos sympathies ; nous prierons
pour vous : c'est tout ce que nous pourrons faire. »

On m'a dit, dans ce temps, que Lamartine n'a pas
voulu encourager la république germanique, parce que
la démocratie allemande unie eût redemandé l'Alsace.
Il est vrai que les clubistes allemands parlaient de
l'Alsace comme d'une province d'outre-Rhin. A cela il
n'y avait qu'une réponse à faire : on aurait fait voter
les Alsaciens en toute liberté. On n'y eût certes pas
trouvé cent voix en faveur d'une annexion avec l'Allemagne.

Puérilités ! La France, en république légitime, tout
en promettant aide et secours à toutes les républiques
du continent, pouvait faire, et aurait certes dicté ses
conditions d'alliance. Autre chose est s'imposer par la
force des armes, autre chose accourir quand on est
appelé. Mais déclarer qu'on n'interviendrait jamais, à
moins qu'on ne soit attaqué, autant dire aux peuples :
« Soyez sages, ne faites pas de révolution, ne m'appelez
pas surtout ; j'ai les bras pleins d'affaires ; je voudrais
bien être à votre place. »

Ledru-Rollin et Flocon ne furent pas de cet avis ;
ils furent accusés d'avoir favorisé les Allemands et
les Belges, et de leur avoir livré des armes.

Le manifeste Lamartine a tout paralysé.

Le *Moniteur* enfin publia deux décrets importants. Un de ces décrets convoqua le suffrage universel pour le 9 avril, afin d'élire les représentants du peuple pour l'Assemblée nationale.

L'autre fixa les élections de la garde nationale au 18 mars.

Avec la garde nationale, élue par le suffrage universel, le Gouvernement provisoire espéra se créer une force publique pour le soutenir, d'un côté contre les réactionnaires, de l'autre contre les socialistes avancés.

Par la convocation d'une Assemblée nationale, le gouvernement, donnant une base légale à la République, compta échapper à l'anarchie. Vain espoir ! Le chemin qui, du désordre conduit à l'ordre, n'est pavé que de principes et de sacrifices. La logique ne pardonne jamais. Ayant reculé une première fois devant la force contre l'appel à la nation, le Gouvernement provisoire recula une seconde fois, aux dépens du droit et de la justice. De recul en recul, il fut acculé contre les barricades de Juin.

X

LOUIS BLANC
AU·LUXEMBOURG (ANCIENNE CHAMBRE DES PAIRS)

Sous le règne de Louis-Philippe, Louis Blanc avait publié une brochure intitulée : *Organisation du travail*, mot inventé par Charles Fourier. La critique sociale de la brochure est incisive, bien écrite ; mais dès que l'auteur, passant à la pratique, propose sa panacée : *l'égalité du salaire*, il tombe dans une utopie insensée.

Ce qui manque à presque tous les démocrates français, c'est la science de la logique, qui n'est autre que la science des lois naturelles, qui, à son tour, n'est autre que la science de la loi du Créateur, puisqu'il faut que quelqu'un ait commencé d'être. Or, si l'égalité du salaire était dans la nature, au lieu de créer les hommes avec des aptitudes variées et inégales, elle les aurait créés égaux de dispositions et de vocations. Il est vrai que l'humanité serait, dans ce cas, matériellement impossible. Tous les humains voudraient faire la même chose, nul ne pourrait faire autre chose que ce que fait son semblable. Ce serait le chaos. La nature, fort heureusement, a été plus grande, plus généreuse. De son propre mouvement, elle a organisé, *hiérarchisé* les aptitudes, qui, par la liberté des mouvements seuls, se classent et s'épanouissent. Elle a fait mieux, elle a voulu qu'il y eût des forts, des jeunes, des talents et des génies, et, par ses lois, elle leur prescrit de travailler pour les faibles, les vieux et les moins bien doués, mais librement, par devoir raisonné et dans le but de s'agrandir, de s'embellir, de se perfectionner par le dévouement; à une condition pourtant, savoir : *Il ne faut pas que ce travail généreux soit imposé.* Sans la liberté, il n'y a ni grandeur, ni dévouement, ni morale, ni vertu, ni homme, ni Dieu. Le talent, *forcé* par la loi sociale d'être mis au niveau de la médiocrité, mourrait plutôt ou ne travaillerait pas du tout. Laissez-lui la liberté, il se vouera tout seul, il se sacrifiera mieux pour son frère, déshérité de la nature. Là est la grandeur de l'homme.

Décréter par une loi l'égalité du salaire, autant vaudrait décréter un lit de Procruste pour égaliser les tailles. S'il n'est pas permis d'avoir plus de talent, de gagner plus qu'un autre, je ne sais pas pourquoi il serait permis à l'un d'être plus grand, plus fort, plus beau qu'un autre. C'est le germe non seulement du communisme, mais de la promiscuité forcée par une loterie. C'est contraire à la loi de Dieu, de la nature et de l'homme. C'est une aberration, une folie pure.

A peine arrivé au Luxembourg, Louis Blanc, malgré les observations de ses amis et connaissances, songea à la réalisation de son utopie. Presque tous les membres de la commission du travail s'opposèrent à cette prétendue organisation ; presque tous, en ma présence, lui firent les objections les plus graves contre cette doctrine impraticable. En vain. L'auteur, en Louis Blanc, l'emporta sur l'homme politique. Enseigner une doctrine sociale sous Louis-Philippe et ne pas oser la recommander dans une république, cela lui parut une lâcheté !

En effet, Louis Blanc est plutôt écrivain qu'homme d'État !

Rien de plus pittoresque, de plus dramatique que

la première séance du Luxembourg dans la salle de feu messieurs les pairs. Tous ces fauteuils dorés, naguère occupés par des habits brodés, furent envahis par des ouvriers en blouse, entremêlés de quelques ouvrières, la tête enveloppée de foulards. Il faut leur rendre justice : leur maintien fut digne. On eût dit qu'ils sentaient l'importance de ce revirement et qu'on avait les yeux sur eux.

Louis Blanc, en habit bleu boutonné, monta à la tribune, et se fit présenter un immense bouquet. — Cette réminiscence de Robespierre provoqua des chuchotements. — D'une parole nettement accentuée, clairement articulée, — il y a un grand orateur en Louis Blanc, — il esquissa rapidement et à vol d'oiseau l'avènement et la chute de la dynastie de Juillet. Pendant le temps que l'orateur se mouvait dans des généralités politiques, son succès allait croissant ; dès que, passant aux questions sociales, il prononça *l'égalité du salaire*, les têtes se penchèrent, les cris cessèrent. Il n'y eut qu'un très petit nombre d'ouvriers délégués, ses compères, qui osèrent, mais timidement encore, articuler quelques cris d'approbation.

Pour le moment, le principe de l'égalité du salaire n'était pas dangereux, puisqu'il n'y avait plus de salaire. Mais dès qu'il s'agit de travailler, aucun travailleur ne consentira d'être l'égal de son compagnon ; car, comme je viens de le dire, il est dans la nature de l'homme d'aspirer à une individualité propre, et de se distinguer de son prochain, ne fût-ce que pour se procurer le bonheur d'appliquer cette supériorité au bien d'autrui.

On aurait permis à Louis Blanc de prendre le rôle d'un Robespierre pacifique. On l'eût craint, s'il eût osé demander des têtes. Mais on souriait en lisant son discours sur l'égalité du salaire.

Le lendemain de son discours, on ne le craignait plus.

Lui-même, forcé d'abandonner, du moins pour le moment, sa prétendue découverte sociale, employa ses loisirs à donner une organisation politique à ses ouvriers et à ses délégués. Le 16 avril devait lui être destiné.

Trop tard !

XI

LES 45 CENTIMES

La grande question du moment était la question financière.

Malgré les acclamations universelles, le commerce et l'industrie avaient disparu. Les faillites s'annonçaient par douzaines; bon nombre, il est vrai, par une sordide spéculation. On avait bien réduit le travail à dix heures par jour. On eût pu le réduire à six heures, à rien; il n'y avait plus de travail du tout. Le Gouvernement provisoire venait d'établir un *Comptoir d'escompte national*, qui existe encore aujourd'hui.

Vains efforts ! M. Goudchaux, ministre des finances, céda la place à M. Garnier-Pagès, et celui-ci, après avoir fait un rapport magnifique sur les ressources de l'État, inventa l'impôt de *quarante-cinq centimes*, afin d'échapper à la banqueroute.

Il faut avouer que jamais, depuis la création de la société, privilège plus flagrant, plus injuste n'a existé que celui dont jouissent l'industrie et le commerce modernes. Qu'un État prospère, ils touchent jusqu'à cinquante pour cent sans payer un sou d'impôt ; témoin les chemins de fer, les banques et autres entreprises par actions (1). L'agriculture, dans les temps prospères, rapporte à peine trois pour cent. Viennent

(1) Ceci a été écrit en 1851.

de mauvais jours, l'industrie et la banque mettent leurs papiers dans leurs portefeuilles, font faillite et demandent des secours à l'État.

Et c'est toujours l'agriculture qui soutient tout et se sacrifie à tout !

Les quarante-cinq centimes n'ont nullement touché l'industrie et la banque. Ils ont sauvé, il est vrai, l'État et les finances, mais ils n'ont pas peu contribué à aliéner les campagnards et à leur apprendre qu'une révolution, pour eux, n'est jamais au fond que quelques impôts de plus et quelques profits de moins.

XII

PREMIERS VAGISSEMENTS DE TERREUR, PREMIÈRE
PROTESTATION

La confiance se serait rétablie si l'Assemblée nationale avait pu se réunir tout de suite selon le plan de la fraction modérée du Gouvernement provisoire, ce à quoi s'opposa précisément la fraction révolutionnaire se disant démocratique.

La réaction allait trop vite. Les réactionnaires avaient eu la malice de s'appeler : *républicains du lendemain.* Ils osèrent même narguer les républicains de la veille, à cause de leur petit nombre, leur disant qu'ils avaient plus de prison que de talent. De petites feuilles s'en donnaient à cœur joie sur le chapitre de l'organisation du travail. Des bottiers réactionnaires y annonçaient qu'ils ne feraient plus qu'une botte ; des paveurs demandaient à ne paver qu'en chambre ; des médecins, forts de la déclaration du *droit au travail,* demandaient une peste assurée. L'ascendant du parti Lamartine allait croissant.

Le parti Ledru-Rollin savait très bien que les orléanistes, devenus républicains, n'oseraient point ne pas acclamer la république. On les savait trop accommodants. Les légitimistes, gens essentiellement polis, n'étaient pas plus à craindre. Mais les provinces, malgré les commissaires républicains, applaudissaient trop à la réaction. Ni la noblesse, ni la haute bourgeoisie n'émigrèrent. Les réactionnaires firent mine de relever le gant jeté le 24 février, et de le renvoyer au parti républicain pour les élections de l'Assemblée nationale.

Il fut donc résolu de remettre ces élections et d'intimider les orléanistes réactionnaires par des menaces. Ledru-Rollin n'est violent qu'en paroles. Il ne songea pas, j'en suis certain, à un régime de terreur. Si on avait attaqué les orléanistes vaincus, il eût été le premier à voler à leur secours. Mais, en ces sortes de crises, il vaut mieux agir avec énergie, que de les laisser évaporer en vaines menaces.

Or, la médiocrité n'agit pas, elle s'agite. Elle n'a pas d'actions, mais des agissements. A ce sujet, une coïncidence m'a toujours frappé.

Jusqu'au 12 mars, le langage de M. Ledru-Rollin a toujours été modéré, doucereux même. Dans ses circulaires adressées aux maires et aux commissaires extraordinaires, il parlait de *l'union de tous, de générosité, qui toutefois ne devait pas dégénérer en faiblesse pour les vaincus ; d'une république de tous, ne poursuivant personne, respectant tous les cultes, toutes les opinions, tous les souvenirs.*

A peine une dépêche télégraphique manda-t-elle d'Alger que le prince de Joinville et le duc d'Aumale venaient de s'embarquer au bord du *Solon* pour se rendre à Gibraltar, que le langage de Ledru-Rollin devint hautain, violent, révolutionnaire, autocratique.

Le lendemain de cette dépêche, il publia sa fameuse circulaire dans laquelle il dit aux commissaires :

Vos pouvoirs sont illimités. Agents d'une autorité révolutionnaire, vous devez être révolutionnaires.

L'éducation du pays n'est pas faite. Examinez sévèrement les titres des candidats : arrêtez-vous seulement à ceux qui paraissent présenter le plus de garanties à l'opinion républicaine.

Puis :

Il faut que l'Assemblée soit révolutionnaire, sinon nous

*marchons à la guerre civile et à l'anarchie. Le règne
des hommes de la monarchie est fini.* PAS DE TRAN-
SACTIONS !

Certes, Ledru-Rollin était logique.

Puisque deux cents républicains avaient imposé la
République provisoire à toute la France, quatre-vingt-
dix commissaires n'auraient-ils pas eu le même droit !

Cette circulaire mit tout Paris en émoi. On mur-
murait, on grommelait, mais on se tut. Pas un ne
souffla. Bon nombre de réactionnaires, qui venaient de
crier le plus fort contre Ledru-Rollin, se courbèrent
pour aller se blottir sous son parti.

Ce jour-là même, le *National*, la *Réforme* et la *Démocratie*, dans des premiers-Paris, déclarèrent *traîtres
à la patrie* tous les citoyens qui ne voteraient pas
pour la République.

En lisant la circulaire de Ledru-Rollin, affichée dans
la rue Montmartre, M. Fournier, mon collaborateur à
la *Presse* et au *Corsaire Satan*, me frappa sur l'épaule
et me dit :

— Hein ! qu'en penses-tu ?

— M. Ledru-Rollin, lui dis-je, se trompe de date ;
sa circulaire est une momie de 93. Les vrais hommes
d'État sont des créateurs et non des pasticheurs. Je le
connais. Ce n'est pas un Robespierre. Il faut protester !

— Moi, répondit Fournier, j'aurais les plus belles
raisons à lui opposer dans la *Presse*, mais j'en ai
encore de plus belles pour me taire.

— Eh bien, lui dis-je, moi, je ne me tairai pas !

Et, nous rendant ensemble aux bureaux de la *Presse*
j'écrivis, séance tenante, au courant de la plume,
l'article suivant, adressé à M. de Girardin :

« UNE QUESTION DE VIE ET DE MORT

« J'ai toujours été républicain, plutôt trop que trop
peu.

« J'ai usé mon esprit et ma plume en faveur des

travailleurs, alors que le *National* les traitait du bas de son talon, mais je commence à croire qu'il était plus facile d'être républicain sous Louis-Philippe, que n'importe quoi sous la République. En un mot, il paraît que rien n'est moins libre que le règne de la liberté.

« Déjà la circulaire de M. Ledru-Rollin ressemble, à un cheveu près, sauf la direction des couleurs, à la circulaire de M. Duchâtel, de 1845. M. Duchâtel demandait des ministériels, n'importe de quel poids, M. Ledru-Rollin demande des républicains, n'importe de quelle nullité.

« Ce n'est rien encore.

« Le *National,* la *Réforme,* la *Démocratie* déclarent *traître à la patrie* quiconque n'est pas républicain ; M. Guizot se contentait d'appeler *aveugles et ennemis* tous ceux qui n'étaient pas de son parti. Nous avons bien marché. Quiconque n'est pas de l'avis de MM. les rédacteurs du *National,* de la *Réforme* et de la *Démocratie* n'est pas aveugle, — on pardonne à un aveugle, — n'est pas un ennemi — on se réconcilie avec un ennemi — mais il est *traître,* c'est-à-dire un homme digne d'être mis en morceaux.

« Voilà la liberté, que ces messieurs, mes amis d'hier, nous promettent.

« Voilà le progrès qu'ils ont prêché.

« Comment ! sous Louis-Philippe il y avait des républicains dans la Chambre, et dans une République il serait défendu à un membre de *l'Assemblée nationale d'être monarchiste ! Mais, souverains nouveau-nés, votre république n'est pas même sanctionnée par la majorité du peuple français.*

« Elle le sera, mais jusqu'à présent elle n'existe que par *la raison du plus fort, c'est-à-dire par le hasard des armes et de la violence.* Or, fût-elle même reconnue par la majorité, ce dont je ne doute pas, *la minorité a le droit absolu de penser ce qu'elle veut.*

« C'est ce droit que vous aviez proclamé sous la

monarchie. Pour vous l'avoir refusé, elle est tombée. Vous n'avez qu'à suivre cet exemple, pour tomber sous la même loi inexorable de la logique.

« La logique, *logos*, verbe, c'est Dieu !!!

« En effet, qu'arrive-t-il ? Dès que vous croyez pouvoir régner par la force seule, dès que vous ne formez qu'un *parti*, dès enfin que vous divisez la France en *vainqueurs et vaincus*, tous les nobles cœurs, toutes les âmes d'élite voudraient être du parti des vaincus. Il ne vous resterait que des médiocrités et des incapacités, qui tâcheront de gagner par la violence ce qui leur manque en véritable force. La violence a toujours été la marque distinctive de la faiblesse : les enfants ne sont violents que parce qu'ils sont faibles.

« Comment ! vous vous étonnez que des hommes d'hier soient devenus républicains ! Mais c'est un affront à la République. Il n'est donc pas possible qu'un monarchiste devienne républicain? La République ne vaut donc pas mieux que la monarchie? Il n'y a donc ni plus de liberté, ni plus d'ordre, ni plus de bonheur sous une république que sous une monarchie !!!

« Vous niez d'abord qu'un monarchiste puisse devenir républicain et puis vous déclarez traître celui qui ne le sera pas. Mais puisque vous promettez à tous *liberté, égalité, fraternité,* qui sera assez sot pour redevenir le sujet d'un roi, ou le très humble serviteur d'un conservateur endurci ?

« LA VÉRITÉ EST QUE LA TERREUR COMMENCE ! Non la terreur de la guillotine, mais celle de la suspicion et de la dénonciation. Ils ont peur qu'on ne soit pas de leur opinion, donc ils n'ont aucune confiance en eux-mêmes : donc cette opinion est partiale et entachée d'égoïsme !

« C'est à la presse vraiment nationale de sauver la République, y compris les républicains. C'est à l'union de tous les talents forts et modérés et surtout *à leur courage* que la France devra son salut. Il faut, pour cela, que les journaux libres de toutes les opinions marchent *droit, ferme et résolu,* pour tenir tête à tous ceux qui prêchent la violence et l'exclusion.

La Gironde a été vaincue parce qu'elle était lâche et poltronne. Nous ne sommes pas la Gironde. Mais déjà il y a une Montagne.

« ALEXANDRE WEILL. »

Il est de petites causes qui produisent de grands effets.

L'homme, de sa nature, est porté à exagérer son importance personnelle. Je ne fais probablement pas une exception. Pourtant, tous ceux qui se rappellent cette date peuvent me rendre le témoignage que ma lettre, insérée dans la *Presse* du 13 mars, fut une de ces petites causes.

Écrite dans les bureaux de la *Presse*, je la lus à M. de Girardin, qui me promit de la faire passer le soir même. Pourtant, à l'heure où je vins pour en corriger les épreuves, M. Serrière, le prote, reçut un avis de M. de Girardin pour ajourner ma lettre au lendemain, mais le journal était sous presse et il fallait rouler.

Elle fit sensation ! car elle était l'expression de l'opinion publique.

Elle fut insérée dans tous les journaux de province. Elle fut lue dans tous les clubs conservateurs. Dans le *Manège Fitte*, M. Clément Thomas qui s'y présentait comme colonel de la garde nationale, sous les auspices de Ledru-Rollin, fut forcé de quitter la partie, après une triple lecture de ma lettre.

Un habitant de Saint-Germain m'offrit dix mille francs pour faire afficher la lettre dans toutes les communes de France. Un autre, demeurant dans la chaussée d'Antin, me proposa d'en faire tirer deux cent mille exemplaires. J'ai refusé.

Tout grand succès m'épouvante. Je ne crois pas à la quantité. Certes, si le Gouvernement provisoire eût consulté la France directement, ma lettre eût mérité la mort. Mais Ledru-Rollin, proclamant la République au nom du peuple de Paris, n'avait pas le droit *de menacer* les électeurs souverains. De là le succès de ma protestation.

Je sais qu'on a conseillé au Gouvernement provisoire de se montrer fort à mon égard, mais on n'ose être fort que lorsqu'on a osé être juste, au risque de la vie. Le Gouvernement provisoire, sentant la base légale se dérober sous ses pieds, s'accrochait à des branches, qui d'abord le tinrent suspendu entre le fait et le droit, et qui, à la fin, cassèrent entre ses mains.

XIII

M. DE GIRARDIN

Trois jours plus tard, ma lettre ayant fait le tour de France, M. de Girardin me fit appeler et me dit d'un faux air de bonhomie : « Mon ami, par votre lettre vous êtes hors ligne. Dès aujourd'hui vous avez un nom. Dès aujourd'hui donc... vous ne signerez plus d'articles politiques dans la *Presse*. La *Presse*, c'est *Moi*. Ou je vous étoufferai, ou vous m'étoufferez. Je continuerai l'opposition commencée par vous. Faites un journal. Vous avez du talent. Soutenez-moi. Je vous offre vingt-cinq francs par jour. Votre journal se vendra. Vous ferez plus que vos frais. »

— Je croyais, lui répondis-je en souriant — car M. de Girardin ne m'en a jamais imposé, — que la *Presse*, comme vous le répétez tous les jours, était le *Journal pour tous*. Quant à vos éloges, je vous en remercie. Vous ne m'élevez si haut que pour me laisser tomber, afin de m'écraser du coup. »

Il sourit à son tour. « Vous avez de l'esprit et du nerf, me dit-il, vous réussirez. Pour moi, je ne tolère pas un homme à côté de moi. *On n'arrive que seul.*

— Oui, l'interrompis-je, si des hommes, en guise de cariatides, vous isolent en vous hissant sur leurs bras, vous arriverez par cet isolement. Mais seul à côté des autres, si grand que vous soyez, il vous faut un socle. Les vrais ambitieux le savent bien. Un socle d'amis ou de cadavres, peu leur importe.

— Je vous trouve trop grand pour ma taille.

— Et vous comptez poursuivre l'opposition commencée? Je vous prédis qu'on ne vous permettra pas ce que l'on m'a permis

— Et pourquoi pas ?

— Je vais vous le dire. Moi, malgré vos éloges, je ne suis rien, je ne veux rien être. J'attaque les principes, mais je n'attaque pas les personnes. On ne me craint d'ailleurs pas. Et puis, je suis de bonne foi. Vous, au contraire, vous visez au pouvoir, vous êtes personnel, vous voulez être ministre. Tout le monde sait cela, et c'est parce qu'on le sait, que ni le gouvernement ni la presse ne vous permettront jamais de grimper au pouvoir sur le dos de la réaction.

— C'est ce que nous verrons. »

Quinze jours après cette conversation, M. de Girardin, après avoir attaqué violemment et personnellement (1) plusieurs membres du Gouvernement provisoire, reçut un matin, en ma présence, un homme, lui tenant le langage que voici:

« Je viens de la part du gouvernement (*la police*). Vos attaques mécontentent, indignent le peuple. Une manifestation va se faire contre vous. Nous n'avons

(1) Voici un échantillon de son opposition:

« Peuple, qu'ont fait pour toi les hommes qui parlent chaque
« jour en ton nom. Je vois bien qu'ils te flattent, je ne vois
« pas qu'ils te servent. Je vois bien qu'ils te font acheter chè-
« rement le droit d'élire tes représentants; mais si tes repré-
« sentants arrivent à l'Assemblée sans préparation, comme les
« terrassiers dont on voudrait faire des écrivains, ou comme
« des écrivains dont on voudrait faire des terrassiers, je ne
« vois pas ce que tu y as gagné ! Je vois bien qu'ils se sont
« hâtés d'aller coucher dans le lit encore chaud des ministres
« en fuite; je vois bien qu'ils n'ont pas perdu de temps pour
« s'emparer de somptueux hôtels, où ils sont plus inaccessibles
« que leurs prédécesseurs; je vois bien que les carrosses de la
« cour les promènent; je vois bien qu'ils daignent apparaître

pas pu l'empêcher ; mais nous avons pris nos mesures. On ne touchera pas à un de vos cheveux. »

M. de Girardin ne répondit pas. La manifestation eut lieu. M. de Girardin tint bon. Il venait à peine de quitter les bureaux de la *Presse,* que M. Ledru-Rollin lui-même arriva pour s'assurer qu'il n'y avait eu ni dégâts ni attaque personnelle.

Quelques jours plus tard, M. de Girardin, justifiant ma prédiction, annonça dans son journal que, pour céder aux plaintes des bouchers et boulangers de la rue Montmartre, où s'imprimait la *Presse,* il cesserait toute critique jusqu'après les élections.

Et ce fut l'*Assemblée nationale,* un journal nouvellement fondé, qui bénéficia de cette trêve volontairement forcée.

Un mois plus tard, le *Père Duchêne* vendait par jour dix mille exemplaires de plus que la *Presse.*

J'ai bien essayé de publier un journal sous le titre : le *Nouveau Cordelier,* mais je n'ai jamais vu la couleur des 25 francs promis.

Je n'ai plus, dès ce jour, signé un article politique dans la Presse.

On a reproché à Girardin d'être égoïste. Qui ne l'est pas plus ou moins ! Le martyre même est un sublime

« le soir aux divers théâtres sur le devant des anciennes loges
« royales ; je vois bien qu'ils ont fait main basse sur tous les
« genres d'emplois ; je vois bien qu'ils gardent tous les défilés,
« je vois bien qu'ils gaspillent ton argent ; je vois bien qu'ils
« augmentent l'impôt coup sur coup ; je vois bien que, par la
« peur, ils ont rétabli de fait la censure, je vois bien qu'ils
« s'étonnent de leur impuissance à faire partager cette confiance
« en eux-mêmes qu'ils s'inspirent ; je vois bien qu'ils accusent
« de manquer de patriotisme quiconque n'a pas leur optimisme ;
« je vois bien qu'ils sont ivres d'orgueil, croyant que ce qu'ils
« tiennent en leur main est leur pouvoir ; mais je ne vois pas,
« si je retranche les discours, les circulaires, les proclamations ;
« je ne vois pas ce qu'ils ont encore fait pour toi ! »

égoïsme. On l'a taxé d'ambitieux ! Ce n'est pas un crime. Tout le monde pourtant lui accorde de l'esprit Eh bien ! avec tout son talent, M. de Girardin est le plus grand sot que j'aie rencontré dans ma vie. En M. de Girardin tout est faux, même la fausseté. C'est un instrument sonore, retentissant, mais qui, par vice de construction, par ses nœuds tortueux et ses fêlures de sens moral, ne rend que des sons faux et désharmonieux. Il n'y a pas deux notes jouées sur cet homme qui soient d'accord. Il détonne vingt fois dans une heure, et il n'a jamais écrit une ligne que n'exsude sa vanité satisfaite ou irritée.

M. de Girardin ne m'a jamais trompé un jour, et il le sait. Bien que je ne fusse qu'un collaborateur obscur de la *Presse*, je lui ai toujours parlé en justicier. Il ne m'a jamais aimé, pas plus que Méphistophélès n'aime le coq qui chante le jour, dans sa basse-cour, d'une voix désagréable. D'un mot j'ai toujours percé les vessies que M. de Girardin me présentait comme des lanternes, car M. de Girardin ne dit que des palisseries du genre faux. J'en ai cité quelques-unes. Plus tard, il m'a congédié en me disant : « Je vais de la monarchie à la République ; vous partez de la République vers la monarchie. » Je lui répondis carrément : « Cela ne m'étonne pas ; vous quitterez toujours le vaincu pour aller vers le vainqueur, quel qu'il soit. » M. de Girardin, en effet, n'a jamais acclamé que le fait accompli. Il n'a pas voulu se porter candidat à l'Assemblée, sous prétexte que le peuple doit choisir lui-même ses mandataires. La vérité est qu'après avoir *osé* continuer l'opposition *commencée* impunément par moi, il n'a pas voulu condescendre à me porter candidat avec lui. Je ne le lui ai jamais demandé. Je connais mon homme, mais plus de cent lettres le lui ont demandé. On a même affiché des centaines de listes où il n'y avait que les trois noms : Girardin, de Genoude et moi.

Sur une seule déclaration insérée dans la *Presse*, j'ai

eu 15,000 voix à Paris. On m'a prié de me présenter aux clubs, mais, à vrai dire, je ne tenais pas et ne tiendrai jamais à "être *élu* par d'autres. Je me suis élu moi-même dès l'âge de sept ans, quand, tout en gardant les bêtes de mon village, j'ai lu l'histoire de David en hébreu. Je n'ai jamais mieux demandé que d'essayer mes jeunes forces, comme mon aïeul, contre des lionceaux. Malheureusement je n'ai jamais rencontré sur mon chemin que des philistins et des mâchoires d'âne ! J'ai horreur d'être nommé quoi que ce soit, par qui que ce soit. Ce que l'on est pas par soi n'a ni durée ni valeur. M. de Girardin se croyant un grand citoyen (car les menteurs croient à leurs propres mensonges) espéra être élu tout seul, d'emblée, sans se présenter. *Il ne fut pas élu.* Celui-là seul qui travaille pour autrui travaille réellement pour soi. M. de Girardin, s'il n'était pas un sot orgueilleux, aurait pu former un parti de jeunes républicains de talent, parti courageux et modéré. Mais M. de Girardin, même quand il a raison, ressemble à une bougie, refusant d'en allumer d'autres, de peur de n'être pas vue. Il ne veut pas éclairer, il veut, avant tout, être vu.

Qu'a-t-il su faire en dehors de sa propre fortune? qu'a-t-il créé ? qu'a-t-il empêché ? Le malheureux ! il mourra millionnaire (1), rien que millionnaire, et le lendemain de sa mort il sera bel et bien mort à tout jamais.

(1) Il est mort ruiné.

XIV

LA JOURNÉE DES BONNETS A POIL

Le 15 mars, en me rendant du faubourg Saint-Honoré à la rue Montmartre, je rencontrai d'abord quelques réfugiés allemands qui m'accablèrent d'objurgations à propos de ma lettre. Puis un officier de la garde nationale, s'approchant de moi, me fit part d'un projet de la garde nationale qui, sous prétexte de protester contre l'abolition des compagnies de grenadiers, irait à l'Hôtel de Ville jeter Ledru-Rollin, Flocon et Louis Blanc par les fenêtres.

— Comme vous y allez, lui dis-je; êtes-vous sûr de rester derrière ?

— A peu près. Paris est exaspéré. Votre lettre a été l'étincelle qui a fait partir la poudrière.

— Ma lettre, lui dis-je, est un tout petit grelot, mais ce n'est pas vous, orléaniste, qui sonnerez le toscin.

— La *Presse* est avec nous, me dit cet homme.

— En ce cas, lui répondis-je, vous comptez sans votre hôte, et vous êtes frit.

Arrivé à la *Presse*, j'y rencontrai plusieurs officiers de la garde nationale. J'entre dans le cabinet de M. de Girardin, je lui annonce la nouvelle de mon officier. Il souriait comme quelqu'un qui dit: « Je le sais. »

Entre un autre monsieur, qui demande à parler à M. de Girardin. Je m'éloigne en prenant une épreuve sur le bureau. C'était l'épreuve du journal du lendemain. J'y vois un véritable plan de bataille . Chaque légion devait sortir et se ranger à un endroit indiqué, de manière à occuper Paris, depuis l'Étoile jusqu'à la Bastille.

Les combattants ne devaient porter que leur sabre (on ne croyait pas avoir besoin d'armes). Ce plan et ce déploiement de forces se trouvent en effet dans la *Presse* du 16 mars. On sera étonné de l'audace d'un tel plan, qui, il est vrai, n'existait que sur le papier. Très peu de gardes nationaux étaient au fait. Les légitimistes, comme toujours, étaient les dupes des orléanistes, espérant escamoter la régence, comme les républicains, à les entendre, avaient escamoté la République. M. de Girardin était au fait de cette conspiration ridicule appelée : *la journée des bonnets à poil*, mais il n'eut garde d'y prendre une part quelconque.

Je sortis le 16, de grand matin, pour assister à cette fameuse revanche du 24 février, curieux de voir défiler cette nombreuse légion de bonnets à poil soutenus par les chasseurs. Je n'en vis que quelques *briquets* crottés et rentrant chez eux, l'oreille basse et le bonnet à poil dodelinant dessus. Deux, trois cents hommes osèrent s'approcher de l'Hôtel de Ville. Trois cents gamins, précédant le général Courtais, suffirent pour leur faire rebrousser chemin. Décidément, Paris n'était encore ni *régentiste*, ni *joinvilliste*, malgré les lettres signées Joinville, que la *Presse* venait d'insérer.

M. de Girardin, informé par moi du non-succès de la démarche, entra en fureur. Il pesta contre la bourgeoisie, et il donna ordre aux garçons du journal de ne plus laisser entrer chez lui aucun officier de la garde nationale.

XV

LES BONNETS A POIL DU PEUPLE

Le Gouvernement provisoire a-t-il connu le dessous
des cartes de la démarche des bonnets à poil ? Je crois
que oui. Mais le Gouvernement provisoire lui-même
était divisé. La garde nationale était pour M. de Lamartine. Si elle avait osé, M. de Lamartine eût été
son dictateur. Le parti Ledru-Rollin le savait. Sa circulaire avait produit un si mauvais effet, que M. de
Lamartine fut forcé de la démentir dans une réponse
adressée à un club réactionnaire. Dans cette harangue,
M. de Lamartine disait que M. Ledru-Rollin n'avait
aucune mission de parler au nom du Gouvernement
provisoire ; que celui-ci saurait maintenir la liberté
de tous. M. Marrast, d'accord avec M. de Lamartine,
fit dire la même chose dans le *National*. Dans sa
réponse à la députation des bonnets à poil, M. Marrast
blâma seulement la démarche, parce qu'elle pouvait
donner lieu à des démarches d'une nature plus dangereuse. Enfin tous les candidats républicains, pour
l'Assemblée et la garde nationale, étaient déboutés,
dès qu'ils ne désavouaient pas formellement cette
malencontreuse circulaire.

Cela voyant, le parti républicain, se créant des
verges pour être fouetté, proposa de faire ajourner
les élections générales à plusieurs mois. L'éducation
du pays n'était pas encore faite. C'est le contraire

qu'il eût fallu. Chaque jour de retard était de l'eau sur le moulin réactionnaire. M. Marrast, qui avait sa police, savait très bien ce qu'il disait, en parlant des démarches d'une autre nature.

Depuis quelques jours, les clubs, notamment celui de M. Cabet, se tenant, tantôt dans la salle Montesquieu, tantôt dans la salle Valentino, deux salles de cancan, avaient proposé de se rendre en masse, mais *pacifiquement*, auprès du Gouvernement provisoire, dans le but de lui demander :

Premièrement : l'ajournement des élections de la garde nationale et de l'Assemblée.

Secondement : l'éloignement de Paris de l'armée.

Dès, en effet, que le décret pour la convocation de l'Assemblée fut connu, les anciens conservateurs taillèrent leurs plumes pour rédiger des circulaires et des professions de foi. A les entendre, ils avaient toujours été républicains. Ils n'avaient servi Louis-Philippe que pour mieux déguiser leurs principes démocratiques, afin d'assurer le triomphe de cette chère république. M. Thiers en tête, dans sa première lettre aux électeurs des *Bouches-du-Rhône*, déclara qu'il adoptait la république pour la *fortifier*, qu'il ne *résisterait jamais à la force des choses* ; en d'autres termes, qu'il est et qu'il serait toujours pour le fait accompli.

Ce voyant, les républicains des clubs se dirent entre eux : mais ces gaillards-là n'ont pas de vergogne. Ils devraient du moins vider les lieux et avoir la dignité de l'abstention. Et dire qu'ils sont soutenus par MM. de Lamartine, Crémieux, Pagès, Arago, et même par Marrast ! Faisons-leur peur. Pas de têtes ! pas de sang ! Une simple omelette sans œufs.

— Nous sommes aussi par trop bêtes, me disait un républicain. Nous faisons une révolution, on proclame la république, et ce sont les amis de Louis-Philippe qui vont se faire nommer commissaires et représentants. Mais puisqu'ils sont de si bons républicains, pourquoi ont-ils attendu dix-huit ans ?

— Ingrats, lui répondis-je ; ce ne sont pas les républicains qui ont évoqué la République, mais les conservateurs. Louis-Philippe n'a pas été renversé par les républicains, mais par MM. Thiers, Guizot et la duchesse d'Orléans.

— Ah çà, me répondit mon ex-ami démocrate, qui êtes-vous donc ?

— Moi, je suis votre justicier. Dieu m'a créé exprès pour cela. Ou je chanterai vos victoires, ou je raclerai vos défaites.

Bref, les clubs résolurent de demander l'ajournement des élections et de faire peur aux républicains du lendemain. Tout cela aurait été inutile, si la république eût été proclamée par le peuple huit jours après le 24 février. Le mal a sa logique inexorable, comme le bien. Une faute en enfante mille autres. Après la première faute de n'avoir pas fait un appel au peuple, l'ajournement des élections a été fatal à la liberté, fatal à la France.

A cette fin, on s'était adressé aux chefs des corporations, aux délégués, aux ouvriers des chemins de fer, aux présidents des clubs. On avait déjà envoyé dans ce but quelques émissaires au Gouvernement provisoire ; mais celui-ci, instruit par la police, fit répondre qu'il était sorti.

M. Ledru-Rollin, Louis Blanc lui-même n'étaient pas encore convaincus du bon effet d'une telle démarche, de peur d'effaroucher les capitalistes, de détruire le peu de crédit qui restait. On craignait surtout Raspail, Cabet et ce terrible Blanqui.

Ce dernier, cependant, se tint un peu à l'écart. Il avait besoin de sonder le terrain.

La conspiration des *bonnets à poil* changea subitement la face de la situation. La réaction, loin de paraître effrayée, venait de lever la tête, comme on

disait dans ce temps. Elle avait eu l'audace de prendre
l'offensive. « Eh bien, bourgeois, cria un clubiste, tu
l'as voulu, tu la goberas; et en avant les bonnets à
poil du peuple! Nous verrons où est le vrai courage,
où est la vraie force ! »

Il eût été impossible de préparer d'un jour à l'autre
une manifestation comme celle du 17 mars. Elle fut
couvée, élaborée, mijotée depuis le 9 mars.

Seulement le 16 au soir, ordre fut donné de lâcher
le lion muselé, afin de montrer au bourgeois téméraire qu'on n'avait pas fait une révolution pour
mettre *Liberté! Égalité! Fraternité!* à la place de *liberté, ordre public.*

XVI.

LA JOURNÉE DU 17 MARS

Le matin du 17, M. Charles Blanc vint chez moi m'annoncer la manifestation pour onze heures. Cela doit coûter bien cher, lui dis-je. L'histoire me prouve que toutes les journées de la première révolution ont été faites avec l'argent de Philippe-Égalité. Eh bien, me dit l'excellent frère de Louis Blanc, ôtez-en Philippe, il restera l'Égalité.

D'ailleurs, ils l'ont voulu.

Je dirai plus, l'interrompis-je, ils l'ont mérité.

Vers onze heures, la place de la Concorde était couverte d'ouvriers de différents métiers, tambour battant, enseignes déployées. Il y eut des drapeaux de toutes nuances. Sur les uns on lisait : *A bas les carlistes! A bas Henri V!* Sur d'autres: *Vive la République! A bas les aristocrates!* (*aristo* n'était pas encore inventé). Sur d'autres enfin on ne lisait rien. Cette masse de peuple se dirigea, sur dix de front, vers l'Hôtel de Ville, en chantant les *Girondins*. Le mot d'ordre de certains clubs était *Vive Ledru-Rollin!* ou *Vive Louis Blanc!* On ne sait comment et pourquoi la langue leur a fourché, car on criait généralement: *Vive le Gouvernement provisoire!* A l'Hôtel de Ville, le parti de Lamartine croyait, mais à tort, que cette manifestation était dirigée contre lui, à l'instigation du parti Ledru-Rollin et Louis Blanc. Depuis dix jours le parti Lamartine tenait le haut du pavé dans le conseil. Il fallait un peu mortifier cet orgueil. C'est tout ce que voulait le parti républicain. D'ailleurs, les cris de : *Vive le Gouvernement provisoire!* rassurèrent bientôt tout le monde. A la hauteur du Louvre, les chefs des clubs avaient pris la tête du cortège. Ils demandèrent à parler au Gouvernement provisoire. Celui-ci les fit attendre *presque une heure.* La place de Grève était littéralement encombrée. Une tête d'épingle, jetée au hasard, n'y serait pas tombée sur le pavé. Sur cette mer de têtes flottaient des milliers de bannières. Enfin, M. Louis Blanc, pâle comme la mort, parut. On écouta les speechs des délégués. M. Louis Blanc répondit très bien. Il engagea le peuple à s'éloigner, afin de laisser au gouvernement du moins l'apparence de la liberté. M. de Lamartine aussi prit la parole. Il disait que de loin on pourrait se méprendre sur cette manifestation et croire qu'elle faisait violence au gouvernement. Après quoi la masse, au nombre de cent cinquante mille hommes pour le moins, revint par les boulevards, fit le tour de la Bourse en criant: *A bas les riches!* et se dispersa vers trois heures, à la hauteur de la rue de la Paix.

Bien que les décrets à ce sujet aient paru dix jours après le 17 mars, il n'en est pas moins vrai que le Gouvernement provisoire a cédé à la douce violence de cette journée. *Les élections de la garde nationale furent ajournées au 5 avril, et celles de l'Assemblée au 23 du même mois, pour être convoquée le 4 mai.*

Quant à l'armée, M. de Lamartine, tout en protestant en faveur de l'union du peuple et de l'armée, assura qu'elle resterait éloignée de Paris.

La journée du 17 mars a-t-elle répondu aux vœux des républicains? Les uns disent que oui. Ils ont voulu faire peur, et ce but a été atteint. N'ont-ils pas obtenu ce qu'ils ont demandé? D'autres prétendent que c'était une journée manquée ; qu'on voulait se débarrasser du parti modéré ; que si le peuple avait crié *Vive Ledru-Rollin*, au lieu de *Vive le Gouvernement provisoire*, le coup était fait. Ils ajoutent que c'est Blanqui qui, par jalousie, a fait manquer l'affaire, tramée et mise en œuvre par Cabet et Raspail.

Ce fut, il faut en convenir, une journée miraculeuse. Cent mille hommes, parcourant, les mains dans les poches, une cité tout à fait désarmée (la garde nationale n'étant pas encore réorganisée), riant, criant, vociférant, attendant une heure entière *leur* gouvernement, dont ils étaient les maîtres, sur lequel ils n'auraient eu qu'à souffler, et s'en allant comme ils étaient venus, sans toucher à quoi que ce fût. Si ce n'est une cause supérieure qui les a conduits, qu'on me cite un homme assez fort, capable de dominer une telle masse, sans discipline aucune, fût-elle composée de sages !!

Le Gouvernement provisoire avait cédé sur tous les points. Mais, coïncidence curieuse ! M. Marrast, le lendemain, fit nommer le général Cavaignac ministre de la guerre.

Le général Changarnier arriva en même temps à Paris.

XVII

LES ARBRES DE LA LIBERTÉ. — MONTAGNARDS ET TYROLIENS. — UN RÊVE

Il est dangereux d'éveiller le lion qui dort, même s'il n'entre pas en fureur. Les masses du 17 mars se dispersèrent, mais elles restèrent à Paris. Il fallut songer aux moyens de les nourrir.

Lamartine, méditant gravement à faire de l'ordre avec du désordre, mot inventé par Caussidière, venait de créer la garde mobile. Plus de dix mille hommes étaient enrôlés en peu de jours, mais ils n'avaient point encore ni uniforme, ni armes, ni discipline surtout.

Le Gouvernement provisoire venait de créer les *ateliers nationaux,* création qu'on attribue à faux à M. Louis Blanc. Des travaux de terrassement gigantesques devaient s'exécuter dans les Champs-Élysées, grâce à ces ateliers. Les uns jetaient la terre à gauche, les autres la rejetaient à droite. La majorité des ouvriers jouaient au bouchon, ou se promenaient dans les rues de Paris.

Le parti démocratique, ne voulant congédier ni renvoyer son armée, de peur que la réaction ne devînt trop outrecuidante, inventa les arbres de liberté pour occuper cette masse d'hommes du peuple et pour les empêcher de commettre des excès. Dans tous les quartiers, et bientôt dans presque toutes les rues principales, s'élevaient des peupliers de liberté plantés par des troupes d'ouvriers et, *o risum teneatis*, bénis par les prêtres apostoliques et *romains*.

Il n'est pas vrai, comme on l'a prétendu, que le Gouvernement provisoire ait invité les prêtres à bénir les arbres de la liberté. Ceux-ci, revenus de leur frayeur, sont accourus spontanément. Autant dire des loups se déguisant en bergers et bénissant les agneaux nouveau-nés afin de les croquer plus gras. Si la République eût été votée par le peuple, huit jours après le 24 février, on n'aurait, certes, pas vu ces hommes noirs, ennemis naturels de toute raison, de toute liberté humaine, venir la bénir. Il y a plus. Si le Gouvernement provisoire, décrétant, légiférant à tort et à travers, eût osé proclamer la séparation des Églises du budget de l'État, nul n'aurait vu un prêtre romain donner sa bénédiction à un arbre de la liberté. La République a voulu voir, dans cette démarche, un acquiescement et un apaisement. Niaiserie! D'abord le clergé était payé par la République comme par Louis-Philippe. De quel droit eût-il refusé sa bénédiction, une vaine formule. D'ailleurs, l'histoire n'est-elle pas là pour prouver jusqu'à l'évidence, que partout où il prononce des paroles d'amour, la chose est dévorée par la haine ; que tout ce qu'il soutient est destiné à tomber ; qu'il n'est bon que pour semer la discorde, la guerre et la tyrannie, en un mot, que le dieu de la raison, de la justice, de la liberté, de la paix et de la prospérité, n'est pas *en* lui. Que le jésuite soit accouru pour offrir son appui, quoi d'étonnant ! Il n'embrasse que pour étouffer. Mais que des hommes se disant républicains, démocrates, hommes d'État, l'aient accueilli avec des signes d'allégresse, c'est le comble de la niaiserie politique, et ce fait-là seul prouve que les hommes de février étaient au-dessous de leur mission, qu'eux et leur œuvre étaient mort-nés. On ne proclame pas la liberté au nom d'un dieu d'inquisiteurs. Autant vouloir chauffer un salon avec de la neige et refroidir un corps avec du feu !

Après la cérémonie, on faisait des quêtes comme à l'église, et les habitants des maisons avoisinantes étaient forcés d'illuminer. Bientôt des troupes de gamins parcoururent tous les quartiers en criant et en chantant :

« *Des lampions ! ou du plomb !* »

air dont on fit une polka.

En peu de temps, les illuminations et les pétards devinrent un véritable fléau pour les Parisiens.

Caussidière était à la tête de ce mouvement.

Sobrier avait fondé dans la rue de Rivoli une espèce de succursale de la Préfecture de police.

Pendant que le Gouvernement provisoire songeait à se créer une force publique, en réorganisant la garde nationale et en organisant une garde mobile, MM. Caussidière et Sobrier avaient formé une légion de montagnards. Ces montagnards portaient de larges pantalons en toile écrue, retenus par un ceinturon rouge où pendait un sabre long et recourbé, un brassard rouge au bras gauche. Ils gardaient la Préfecture de police et l'hôtel n° 16 de la rue de Rivoli, où demeurait Sobrier, où, de concert avec M. Cahaigne, il publiait la *Commune de Paris*. En outre, Caussidière venait de créer les gardiens de Paris, que le peuple, à cause de leurs chapeaux pointus, appelait *les tyroliens*, mais qui en réalité ne gardaient que le silence, en attendant mieux. Ils étaient censés être dévoués à Caussidière et à Sobrier.

Un signe distinctif de la révolution de Février, c'est que tout dans elle, avant les événements de Juin, tournait à l'instant même au ridicule.

La révolution de Février elle-même était une espèce

de carnaval politique, surpassant toute imagination, toute fantaisie, et qui semblait vouloir durer toujours.

Tous ceux qui ont vécu pendant ce temps croient avoir rêvé.

Ces masses d'hommes en blouses, précédés de tambours et de drapeaux, ces uniformes improvisés dont jamais mortel n'avait vu le modèle, cette garde *mobile* aux pantalons frangés, aux souliers éculés, cette garde nationale toute en képi, ce gouvernement aux écharpes flamboyantes comme un jour de mariage, ces montagnards aux brassards rouges, ces gardiens de Paris aux chapeaux pointus, ces allées et ces venues perpétuelles, ces harangues sempiternelles, — car plus de cent mille discours ont été prononcés, — ces chants et ces illuminations répétés à satiété au milieu d'une peur atroce, ces applaudissements bruyants par des gens grelottant de frayeur ; ces rires, ces ricanements continuels sous des larmes étouffées, ces fêtes publiques aux visages de deuil, ces bœufs aux cornes dorées, suivis de jeunes filles grêlées, vêtues de lin, enfin ces fêtes d'armes, deux cent mille hommes avec leurs fusils de fragrants lilas sur l'épaule, tout en se regardant avec des yeux de faïence, comme s'ils allaient se dévorer les uns les autres. Non, ce ne fut pas là une réalité. C'était un rêve, une comédie divine donnée par le grand justicier à ses justes, à ses penseurs, et que nul mortel, eût-il le génie de Shakespeare, n'eût pu inventer.

XVIII

J'ai déjà dit que la manifestation du 17 mars avait eu pour but d'intimider la réaction. Ce but ne fut point atteint. Le lendemain les journaux réactionnaires osèrent la ridiculiser. MM. Lamartine et Marrast firent leur possible pour en neutraliser les effets.

M. Marrast, en sa qualité de maire de Paris, publia une ordonnance sévère contre l'excès des arbres de la liberté et les pétards. Il osa représenter aux ouvriers locataires, qui refusèrent de payer leurs termes, que ce refus autoriserait les propriétaires à ne pas payer leurs impôts.

Jamais homme d'État ne fut payé d'une ingratitude si noire que l'ancien rédacteur du *National*. Lamartine parlait, pérorait, écrivait ; Marrast seul agissait. Aussi est-il mort à propos, comme un juste. Il avait établi une contre-police à celle de Caussidière. C'est lui qui organisa et fit habiller la garde nationale ; *c'est lui qui, le 16 avril, fit battre le rappel.*

Plus d'une énigme de ces jours mémorables trouverait son mot, si M. Marrast avait laissé des mémoires de son règne, si court mais si plein.

XIX

Dans ce temps, j'eus une entrevue avec M. de Lamartine au ministère des affaires étrangères. M. de Lamartine me dit que les sentiments énoncés dans ma lettre étaient les siens. Puis, en me développant ses vues, il essaya de me prouver que l'avenir de la République était dans les mains des républicains du lendemain, qu'il n'y avait rien à craindre ni des orléanistes, ni des légitimistes, *ni surtout des bonapartistes*. J'ai savouré comme un écolier la parole du poète des *Méditations*. Il m'assurait encore que Ledru-Rollin était d'accord avec lui, qu'il n'y avait de dissident que Louis Blanc, qui se tuerait tout seul, attendu que la classe ouvrière ne faisait aucun cas de l'égalité du salaire. Je n'ai pas osé répondre. D'abord je ne sais pas parler, puis je n'ai jamais moins cru à la République que depuis le moment où j'ai vu les républicains à l'œuvre. Cela m'a toujours rappelé le mot de Mme de Conti. Son mari lui écrivit :

« Je pars, ne me trompez pas pendant mon absence.

— Soyez sans inquiétude, répondit-elle, je n'en ai l'envie que quand je vous vois. »

· Finalement, M. de Lamartine m'offrit un passeport et de l'argent pour remplir une mission en Allemagne, mission que j'ai refusée.

Dès lors je vis que M. de Lamartine comptait sérieusement sur les prétendus républicains du lendemain pour être nommé président. Suffit-il, me dis-je à part moi, d'être d'un gouvernement quelconque pour ne plus connaître l'opinion publique !

A entendre la parole melliflue de M. de Lamartine, il n'y avait plus rien à faire. La République était fondée, acceptée, pourvu toutefois qu'elle ne froissât pas les sentiments religieux de la France, surtout des républicains du lendemain (catholiques), formant la majorité des électeurs.

Or, jamais république ne sera ni juive, ni catholique, ni protestante, ni athée. Une république n'est possible que basée sur le dieu de la raison, devant lequel toutes les créatures sont égales : seul principe admettant le libre arbitre le plus absolu, liberté qui met dans la main de l'homme, par le devoir accompli envers le prochain, son bonheur et son malheur, la misère ou la prospérité de la nation. L'idée de Dieu, conçue par tous les grands génies de l'humanité, comme loi et logique des causes et des effets, admet seule la solidarité des êtres. Elle seule ordonne au fort de se sacrifier pour le faible, et au riche de nourrir le pauvre, invalide et infirme. Du moment qu'une religion prêche la prédestination, la grâce d'en haut, la société aura toujours des privilégiés par la grâce de Dieu, qui se donneront la peine de naître, et des disgrâciés nés pour souffrir, c'est-à-dire destinés à travailler pour les autres. Jamais homme, à moins d'être un grand philosophe, n'a fondé un État nouveau, ni un peuple nouveau. La majorité de la France est monarchique, parce qu'elle est catholique ; l'autre partie est anarchique, parce qu'elle est athée. Elle a beau ne pas pratiquer, cela ne l'empêche pas de livrer ses enfants au dogme, depuis leur naissance jusqu'à leur mort. Tout soi-disant républicain qui fait acte de chrétien n'est qu'un niais ou qu'un tartufe. Quant à Lamartine, on le dit le premier des poètes. Mais, à coup sûr, c'est le dernier des hommes d'État.

XX

LA JOURNÉE DU 16 AVRIL

La réaction allant toujours son train, il fut résolu de lui donner une seconde leçon.

Le *National* avait rompu de nouveau avec les socialistes. Les élections de la garde nationale se faisaient sans trouble. Par esprit de conciliation, plusieurs ouvriers furent nommés officiers et capitaines. Barbès fut nommé colonel de la douzième légion. Les mairies, grâce aux ordres de M. Marrast, distribuaient des armes et des uniformes aux gardes nationaux.

Blanqui fut accusé par plusieurs feuilles réactionnaires, mais à faux, d'avoir été l'auteur du 17 mars.

Les socialistes, au contraire, l'accusèrent d'avoir fait manquer cette même manifestation.

MM. de Lamartine et Ledru-Rollin s'arrachaient à qui mieux mieux ce fameux clubiste : l'un voulait se servir de lui contre l'orage qui grondait de loin; l'autre, contre la réaction, lorsque tout à coup une feuille républicaine publia un rapport de police adressé par un conspirateur républicain à un ministre de l'intérieur de Louis-Philippe. Barbès, président du club du Palais-Royal, s'écria : « Il n'y a que Blanqui ou moi qui puisse avoir fait cela. »

Ce fut un coup de foudre!

Mais Blanqui, loin de se décourager, lança un factum

contre le Gouvernement provisoire, finissant par ces mots : « Tenez, vous n'êtes que des réacteurs. » Parbleu !

Malgré le coup porté à Blanqui, le danger d'un nouveau bouleversement devint de plus en plus imminent.

Pendant les élections de la garde nationale, les clubs posèrent aux candidats la question suivante :

« En cas que l'Assemblée nationale soit attaquée, pour qui, avec qui marcherez-vous ? »

Question insidieuse, si jamais il en fut.

Outre la *Commune de Paris*, plusieurs journaux *démoc-socs* s'étaient fondés depuis le 17 mars.

D'abord le *Représentant du peuple*, avec Proudhon.

Puis le *Populaire*, par Cabet.

Ces journaux répétaient tous les matins que la révolution de Février n'était pas politique, mais *sociale*.

Et pendant que les républicains du gouvernement se creusaient la tête pour inventer des remèdes financiers afin de rétablir la confiance ébranlée, ces journaux nouveau-nés, qui avaient beaucoup de bon, mais peu d'à-propos, proposaient tous les matins l'impôt progressif, le droit au travail, l'association intégrale et enfin l'abolition de l'hérédité de la propriété.

Il est vrai que le Gouvernement provisoire, pour tout remède, ne trouva que des phrases creuses. Quoi de plus naturel que l'impôt proportionné à la fortune, l'*incometax* ? Rien n'eût été plus facile. Faut-il que le pauvre, que le travailleur, gagnant à peine son pain, paye pour que le riche soit assuré contre lui ? Qu'est-ce donc que l'impôt, sinon les frais de la justice sociale ? L'impôt progressif même serait plus équitable que le système défendu par le Gouvernement provisoire, gouvernement honnête, mais « très mauvais musicien », comme dit Hamlet ; gouvernement sans initiative, évitant les grands problèmes, au lieu de les aborder de front, n'osant pas discuter sérieusement un principe, soit religieux, soit social, et remettant toutes les affaires sérieuses au lendemain, qui devait s'appeler le 26 juin.

On dit bien que c'était un gouvernement *provisoire* et non *constituant*, qu'il n'avait pas le droit de faire des lois. Mais alors où a-t-il pris le droit de proclamer la République et de publier décret sur décret ? Cercle vicieux, d'où ne pouvait sortir que l'anarchie d'abord, le despotisme après.

Il paraissait encore :

Le *Pilori*, feuille qui donnait les noms des banquiers à mettre à contribution.

La *Canaille* ;

La *Guillotine* ;

L'*Aimable Faubourien*, mot inventé par Louis-Philippe ;

Enfin le *Père Duchesne*.

Non pas que tous ces soi-disant socialistes fussent de méchants hommes. Nombre d'entre eux sont d'avis que l'homme est né bon et fainéant. D'autres firent bon marché du communisme ; mais enfin c'était quelque chose de nouveau, et, pour le peuple ignorant, le nouveau n'a pas besoin d'être vrai. Après l'abolition de la vieille propriété, un des leurs aurait peut-être proposé d'abolir le jour, à cause de sa vieillesse, car il est bien vieux. Quant à Dieu, même celui de Lincoln, pour eux ce n'est pas la loi des causes et des effets, mais un Jupiter décrépit, qu'il faut jeter au rebut.

Fondez donc une république qui, avant tout, repose sur le *Devoir* et la *Vertu*, deux choses qui sans une foi ardente en Dieu, ne sont que de vains mots, avec des athées et des blagueurs !

C'est après avoir lu ces feuilles que j'ai compris Robespierre, qui, pendant deux années, a été forcé de se défendre contre ce qu'il appelait les bas intrigants, les exploiteurs du peuple, et qui lui reprochaient avant tout de croire en Dieu.

Oui, j'ai compris Robespierre, faisant guillotiner, non seulement les Hébertistes, mais encore Danton, qui ne croyait à rien, pas même au devoir.

De front avec ces systèmes athées et saugrenus, marchaient les menaces contre les réactionnaires et les futurs représentants du peuple.

Quelques jours avant la manifestation du 16 avril, la *Commune de Paris* s'écria:

« Tremblez, aristocrates! Et vous réactionnaires, sachez que si vous osez relever la tête, si vous usiez des armes de la calomnie, *la main du peuple, seul souverain, vous écrasera partout et toujours!* »

Le Gouvernement provisoire était instruit de ces trames, de cette conspiration en permanence. Il aurait pu prendre des mesures; mais pendant que M. de Lamartine préparait des phrases à réfuter les socialistes, comme s'ils ne demandaient qu'à être réfutés, M. Ledru-Rollin, quoique non-socialiste, se prépara une issue pour l'en-cas de victoire populaire. La veille du 16, il publia une circulaire où il est question de la *vérité sociale* contre les *intérêts d'une caste* (lisez *propriétaires*). Dans cette même circulaire, M. Ledru-Rollin proclame *la souveraineté unique du* PEUPLE DE PARIS *contre tout le peuple français.* Cela ressembla furieusement à une préface d'une nouvelle révolution de Paris. Pendant deux, trois jours, M. Ledru-Rollin faisait le mort et boudait M. de Lamartine. Louis Blanc attendait en pelotant; il était informé de tout, ses délégués étaient à la tête du mouvement.

Le matin du 16 avril, ce fut un dimanche, trente à quarante ouvriers se réunirent au Champ-de-Mars, dans le but simulé et ostensible d'élire les officiers d'état-major, mais en réalité pour se diriger de là vers l'Hôtel de Ville et renverser le Gouvernement provisoire. La pétition suivante fut portée par eux sur un char chargé d'une offrande, véritable aspic sous des fleurs :

« Les travailleurs du département de la Seine au Gouvernement provisoire. »

« La réaction lève la tête. La calomnie, cette arme farouche des hommes sans principes et sans honneur,

déverse de tous côtés son venin contagieux sur les
véritables amis du peuple. (Allusion au rapport de
Blanqui.) — C'est à *nous*, hommes de la révolution,
hommes d'*action* et de dévouement, qu'il appartient de
déclarer au Gouvernement provisoire que le peuple *veut*
la *république démocratique*, que le peuple *veut* l'abolition
de *l'exploitation de l'homme par l'homme*, que le peuple
veut l'organisation du travail par l'association. »

Quand on ose demander de telles choses dans un tel
ton, on n'est, certes, pas disposé à s'exposer à un refus.
Seulement, de telles choses se prennent, mais ne se
demandent pas ! :

Le Gouvernement provisoire était réuni au ministère
des finances, quand la masse des travailleurs se mit en
mouvement. Leur cri de ralliement était : *Vive Louis
Blanc !* On ne sait au juste par quel ordre le rappel fut
battu vers midi. Les uns disent que ce fut le général
Changarnier, d'autres assurent que Ledru-Rollin, dé-
faillant au moment critique, vint se rallier à Lamartine. J'ai de fortes raisons pour croire que ce fut
M. Marrast qui donna cet ordre. M. Marrast était le seul
homme d'action du gouvernement. D'ailleurs, il me l'a
dit lui-même.

On peut dire que la garde nationale s'est rassemblée
comme par un coup de baguette. Une demi-heure après
le rappel, cent mille hommes étaient sous les armes.

Sur la place de la *Concorde* le général Duvivier harangua la garde mobile qui cria : *Vive le Gouvernement provisoire !* Les boulevards, les quais, la place de Grève
étaient occupés par la garde nationale, avant que les
travailleurs arrivassent avec leur char social au
Pont-Neuf. Voyant leur affaire manquée, ils firent bon
cœur contre mauvaise fortune, et feignirent d'être
étonnés. Pourquoi aussi les empêcher de porter une
offrande au gouvernement !

Le gouvernement, après avoir d'abord évacué l'Hôtel
de Ville, dont les fenêtres lui parurent un peu trop

élevées, y retourna, dès qu'il se vit protégé par une armée de baïonnettes. M. de Lamartine fit un beau discours à la garde nationale, criant: *A bas Cabet!* lequel cri fut répété par les travailleurs. M. Louis Blanc donna le bras à M. Dupont (de l'Eure). Le général Courtois fit également une harangue. Le défilé de la garde nationale et de la garde mobile dura jusqu'à la chute du jour.

Le journée du 16 avril échoua comme son aînée. Le 17 mars on devait crier: *Vive Ledru-Rollin !* on cria, *Vive le Gouvernement provisoire !*

Le 16 avril, le mot d'ordre était: *Vive Louis Blanc!* on cria: *A bas Cabet !*

On discuta longtemps, publiquement et secrètement, sur l'échec de cette journée. Il n'y a qu'une seule et unique cause. Les républicains, n'ayant pas de principe idéal centralisateur, étaient désunis et divisés, par conséquent impuissants. Ils le savaient, mais ils ne surent pas garder le secret.

XXI

LE CLUB DES CLUBS. — LES DROITS DE L'HOMME,
DE ROBESPIERRE

Quand une journée révolutionnaire réussit, chacun à l'entendre y a pris part. Quand, au contraire, la journée a manqué, tout le monde fait le plongeon.

Ce que firent les ouvriers socialistes en voyant l'opinion générale contre eux ; ce que firent également les ouvriers des ateliers nationaux, ce que fit le pauvre Cabet, le baudet sur lequel tout le monde cria : *haro*. Cela fait, on s'indigna de la levée en masse de la garde nationale, on la railla même. Cette journée cependant a fait rentrer la troupe à Paris, sous prétexte, il est vrai, de fraterniser avec le peuple et la garde nationale, pour la fête de fraternité du 20 avril.

Malgré l'échec du 16 avril, on ne perdit pas de vue les élections. Il s'était formé à Paris un club central, intitulé le *Club des clubs,* qui, singeant l'ancienne commune de Paris, mais sans son audace ni sa foi, était devenu un pouvoir à part. Tous les clubs de Paris nommèrent des délégués, dans le but de rendre compte au club central de tous leurs travaux. Ce *Club des clubs* avait déterré la *Déclaration des droits de l'homme*, de Robespierre, pour l'imposer à tous les clubs affiliés. On n'y avait changé qu'un mot. A la place de la *Nature* on avait mis *Dieu.*

De tous les discours de Robespierre prononcés aux Jacobins, dont quelques-uns d'admirables, *Les Droits de l'homme* sont l'œuvre la plus faible, la plus fausse. Tout d'abord il n'y a pas de droits de l'homme, sans les devoirs accomplis. Le devoir précède le droit, comme l'arbre précède le fruit. On aura beau proclamer tous les droits possibles, nul ne jouira d'un droit quelconque si un autre, auparavant, n'accomplit pas son devoir. Je décrète que l'enfant a le *droit* de naître, d'être allaité, nourri, élevé. Si la mère ne fait pas son *devoir*, l'enfant ne naîtra, ni ne sera allaité, malgré mon décret. A défaut de mère, c'est la société, c'est-à-dire toutes les mères, qui fait son devoir envers l'enfant. Une constitution a beau proclamer le droit de vie et de propriété, si le plus fort ne fait pas son devoir de ne pas tuer, de ne pas voler son prochain, la constitution est lettre morte, même si l'assassin et le voleur sont punis. Aussi nul grand législateur n'a-t-il énoncé un droit. Tous prescrivent des devoirs. Moïse ne dit pas : Tu auras le droit de vivre, mais *tu ne tueras pas.* » Il ne dit pas : Tu as le droit de propriété, mais *tu ne voleras pas.* La liberté surtout est un droit qui jaillit exclusivement du devoir accompli.

Pour qu'une société soit libre, il ne suffit pas de proclamer une république avec la devise : *Liberté ;* il faut avant tout qu'elle puisse forcer les violateurs de cette liberté, ou ceux qui en ont envie, de faire leur devoir, de la respecter et, à la rigueur, de les empêcher de commettre le crime de lèse-liberté. De là vient que toute liberté repose sur la justice, et la justice n'est possible qu'autant que tous, *décidés à faire leur devoir*, mourraient plutôt que de permettre qu'une injustice fût faite à un être quelconque. La Liberté républicaine repose donc avant tout, comme l'a dit Montesquieu, sur la Vertu, c'est-à-dire, sur le *devoir* et non sur le *droit.*

Si les démocrates *eussent reconnu et accompli leurs devoirs avant de parler de leurs droits ;* si, résolus de ne jamais avoir recours à la violence, ils eussent profité de la liberté absolue de la parole et de la plume, pour faire accepter leurs doctrines, la République existerait encore ! Ceux-là mêmes qui étaient les adversaires de ces doctrines, eussent défendu la République et la liberté, dès qu'ils eussent été certains, que l'on n'emploierait contre eux d'autre violence que celle de l'éloquence et de la raison. Nul doute alors qu'une bonne partie de ces doctrines, après mûre discussion, eussent été acceptées et appliquées, sans guerre ni troubles.

L'Assemblée nationale eût-elle été cinquante fois plus réactionnaire, librement élue, nul n'eût eu d'autre droit contre elle que celui de la persuasion, c'est-à-dire de la raison. Les hommes ont le droit de se tromper, pourvu qu'ils laissent à leurs semblables toute liberté de leur prouver leurs erreurs. Mais la démocratie égarée par le *Droit* sans *Devoir*, niant tout idéal de justice éternelle, se croyait autorisée à imposer ses doctrines et ses hommes, n'importe par quels moyens, même par la violence et la guerre civile. Eût-elle eu cinquante fois raison au fond, elle eût inévitablement péri par sa propre anarchie d'abord, par la dictature forcée après. Si le Club des clubs a le droit d'imposer ses doctrines autrement que par la raison et le devoir accompli, le premier venu peut tenter d'imposer sa dictature par le même droit du plus fort. C'est ce qui devait arriver forcément ; c'est ce qui est arrivé ; c'est ce qui arrivera toujours, aussi longtemps que la démocratie proclamera les *droits*, au lieu d'énumérer les *devoirs* de l'homme et qu'elle ne commencera pas par faire les siens.

Quiconque ici-bas manque à ses devoirs perd inexorablement ses droits, qu'il les proclame ou non, qu'il se les procure même par la force. Il n'y a pas de force contre la logique, il n'y a pas de loi contre la loi éternelle, en vertu de laquelle tout existe et qui seule conserve tout !

J'ai assisté à un club filial alsacien, présidé par Huber, pour l'élection des délégués. M. Huber déclara carrément que l'argent alloué dans ce but venait du budget du ministre de l'intérieur.

Il faisait entendre que ces délégués étaient envoyés, non seulement dans le but de préparer la victoire de la démocratie sociale, comme s'il y avait une autre démocratie, mais pour *surveiller* les fonctionnaires. Sans l'échec du 16 avril, ces délégués eussent été les commissaires d'un nouveau *Comité de salut public*. On ne sut rien inventer, pas même un mot. On n'eût fait qu'imiter servilement les errements de l'ancienne révolution, oubliant qu'à une situation nouvelle, il eût absolument fallu, non seulement des hommes, mais même des mots nouveaux. Inutile de parler des aptitudes de ces délégués. Pour être nommé, il fallait plus de prison que de talent. Après le 16 avril, leur position n'était plus tenable, sans compter que leurs appointements plus que modiques, d'ailleurs, se trouvaient suspendus. Ils n'en exercèrent pas moins une certaine influence dans les départements, influence qui dura jusqu'après la journée du 15 mai.

Paris, en attendant les élections, s'amusait à se réunir en armes pour la distribution des drapeaux républicains. Plus de deux cent mille baïonnettes garnies de lilas brillaient ce jour-là aux premiers rayons d'un soleil printanier. Le défilé devant le gouvernement dura plus de douze heures. Ce jour-là, la garde nationale fraternisa avec différents corps de l'armée. N'était la crainte que ces fusils ne partissent tout seuls, c'eût été une journée sublime, unique, remuant, réunissant les cœurs et les esprits.

Un autre amusement des Parisiens était le club des femmes, pérorant et pétitionnant contre les *patriarcaux*, les *sauvages* et les *barbares* d'hommes, n'admettant pas l'égalité complète de la femme et de l'homme.

L'avouerai-je ? de tous les clubs, le club des femmes, présidé par Mme Niboyet, fut le moins ennuyeux et le plus libre. On y discuta sérieusement les questions les plus graves et les plus vitales.

Seulement, si dans ce temps les Françaises eussent eu le droit de voter, la République n'eût pas vécu huit jours.

Pendant quinze jours, Paris courait les clubs et lisait les professions de foi des candidats. On critiqua, on respira. Il ne faut que cela à Paris pour y rappeler la gaieté, et ce fut gaiement que le peuple de Paris alla voter, pour nommer trente-six mandataires sur trois cents et quelques candidats.

XXII

LES ÉLECTIONS. — QUESTIONS POSÉES AUX CANDIDATS. — ACCLAMATION DE LA RÉPUBLIQUE

Nombre d'esprits de ce temps estimaient que le suffrage universel, tout le monde étant électeur et éligible, créerait, mettrait à jour une quantité d'hommes d'État inconnus on méconnus. Illusion populaire qui ne fut pas de longue durée. L'élection en général ne peut rien créer, elle ne peut que mettre en lumière des talents déjà existants. Tel tableau de Raphaël, anéanti dans une écurie, acquiert une immense valeur quand on le met dans un palais et dans son jour ; mais avant tout il faut un Raphaël, il faut que le tableau existe. Les hommes élus sont créés par la nature. La société les met rarement à leur place.

D'ailleurs avec le scrutin de liste et l'élection directe on n'avait même pas le choix d'élire. Chaque électeur mettait bien en tête de sa liste un ou deux candidats de son choix, le reste, au hasard.

Quant aux candidats, pour se faire connaître, il fallait ou avoir les moyens d'envoyer à domicile deux cent mille circulaires, ou bien courir de club en club, y faire son éloge et répondre à toutes les questions plus saugrenues les unes que les autres. Dans un club à candidats on demanda à un postulant ce qu'il pensait de la Trinité ; je ne parle pas des questions ordinaires sur le salaire, le droit au travail, le moyen d'enrichir tout le monde, etc. Dans la même séance un autre candidat fut questionné sur ce qu'il pensait de la femme en général. Enfin, dans le club des *Indépendants*, rue de l'Arcade, un gamin posa cette question à un candidat :

« Savez-vous nager? »

On riait, mais il n'y avait pas de quoi rire.

En effet, le peuple comptant jeter l'Assemblée dans la Seine, la ruisselante question ne manquait pas d'actualité.

Le Luxembourg avait proposé une liste purement socialiste, à l'exclusion des membres modérés du Gouvernement provisoire. Cette liste fut propagée par les délégués parmi les *non-travailleurs* des *ateliers nationaux*. M. Marrast songea un instant à une revue des mêmes ateliers nationaux dans la plaine de Saint-Maur, afin de les soustraire aux influences du Luxembourg. Il dut y renoncer, on l'eût accusé de vouloir violer la liberté des élections.

Chaque journal avait sa liste, chaque club la sienne. M. de Girardin seul refusa d'en publier une. Sûr de sa nomination, il proclama le principe que le peuple devait chercher les hommes de valeur et aller au-devant d'eux. M. de Girardin ne fut point élu.

Le peuple est un souverain qui aime avant tout qu'on brigue ses faveurs, il ne donne rien sans qu'on le lui demande. Il ne ressemble pas à ce roi antique, auquel un courtisan demanda une coupe et qui l'envoya au poète, disant: « Toi, tu es fait pour la demander, mais Épicrate est fait pour la posséder. »

M. de Girardin se présenta bel et bien pour les secondes élections de Paris, mais, chose extraordinaire! il ne fut point encore élu.

M. Thiers, non plus, ne fut pas élu, et il s'en prenait dans le *Constitutionnel* aux légitimistes.

Un loup qui reproche aux moutons de ne pas l'élire pour chien de garde.

Les moutons pourtant l'élurent plus tard et lui livrèrent même leurs chiens. Aussi furent-ils croqués à belles dents.

Le fait capital des élections était la nomination décuple de M. de Lamartine, réunissant trois millions cinq cent mille voix.

Les socialistes échouèrent à Paris. Louis Blanc sortit le vingt-septième sur la liste.

On peut dire que les premières élections générales n'avaient qu'une portée négative. Elles voulaient dire: *point de socialisme!*

L'Assemblée se réunit le 4 mai, dans une salle provisoire que Ledru-Rollin avait fait élever dans la cour du palais Bourbon. Le Gouvernement provisoire déposa son pouvoir entre les mains de l'Assemblée, par l'organe de son doyen, M. Dupont (de l'Eure).

L'Assemblée *acclama* la République. Elle n'avait plus à la *proclamer*. Cela ne parut point suffisant aux meneurs de la démocratie.

Sur la motion du général Courtais, comparse de Caussidière et de Sobrier, l'Assemblée se rendit sur le perron du palais Bourbon pour *réacclamer* la République, à la *face de quatre cents gamins de Paris.*

Par cette démarche, elle donna la mesure de son courage. Car un représentant de la loi souveraine, convaincu de sa mission, ne se laisse traîner sur la voie publique que la corde au cou.

Ce n'est point l'Assemblée qui a sauvegardé l'ordre et la liberté. Elle-même fut sauvée deux fois par la garde nationale et la garde mobile.

L'Assemblée n'a eu aucune influence sur les événements extérieurs.

Son commencement était une couardise.

Sa fin le chaos.

XXIII

A LA VEILLE DU 15 MAI. — MENACES IMPUISSANTES
DE LA DÉMOCRATIE

Le 17 mars avait engendré le 16 avril, forcément le 16 avril devait produire le 15 mai, et celui-ci le 23 juin. La violence produit la violence, jamais la justice.

A peine les élections antisocialistes furent-elles connues, que des troubles éclatèrent dans les provinces. A Rouen, à Limoges, à Elbeuf, à Nîmes. A Rouen, l'armée et la garde nationale s'unirent contre l'émeute; le sang coula. A Limoges, l'insurrection, maîtresse de la ville, s'éteignit dans son isolement, comme une torche au milieu d'un désert. Dans d'autres villes, la garde nationale, imitant l'exemple de celle de Paris, barra le passage à l'émeute. Toutes ces insurrections furent des coups d'essai tentés par les clubs affiliés du comité révolutionnaire de Paris.

On prépara un grand coup décisif à Paris même.

Déjà avant la convocation de l'Assemblée, le comité central révolutionnaire avait affiché un placard signé, Villain, Lebon, Huber, Chippron et Barbès.

On y lit: « *La société a pour but de défendre les droits du peuple, dans l'exercice desquels la révolution de Février l'a réintégré;*

« *De tirer de cette révolution toutes les conséquences sociales. Comme point de départ, elle pose la décla-*

6.

ration des droits de l'homme, formulée en 1793, *par Robespierre.* »

Il poursuit :

« *Dans la révolution sociale qui commence, la société des droits de l'homme se place dès à présent entre les* PARIAS ET LES PRIVILÉGIÉS (lisez propriétaires) *de la vieille société.*

« *Aux premiers elle vient dire :* Restez unis et CALMES ;

« *Aux seconds elle dit :* L'ancienne forme sociale a disparu, le règne du privilège et de l'exploitation est passé ; si, au point de vue de la forme sociale ancienne, les privilèges dont vous étiez investis ont été acquis par vous d'une manière légale, NE VOUS EN PRÉVALEZ PAS (le mot est joli et parlementaire), car ces lois étaient votre ouvrage. L'immense majorité de vos frères y est restée étrangère, par conséquent elle n'est pas obligée de les respecter. RALLIEZ-VOUS DONC, CAR VOUS AVEZ BESOIN DU PARDON de ceux que vous avez trop long-temps sacrifiés. Si maintenant, malgré cette promesse de pardon, vous persistez à vous isoler pour défendre l'ancienne forme sociale, VOUS TROUVEREZ A L'AVANT-GARDE, AU JOUR DE LA LUTTE, **nos sections organisées, et ce ne sera plus de pardon que nos frères vous parleront, mais de justice !!!** »

J'ai gardé ce placard et le cite à dessein, car je ne crois pas qu'il existe dans l'histoire entière un document de cette naïveté violente.

Je conçois qu'on fasse une révolution, qu'on détruise la violence par la violence, l'usurpation par la force. Mais qu'en présence de la liberté la plus absolue du suffrage universel ; qu'en présence d'une Assemblée issue de ce suffrage populaire, quand on a la liberté de la parole et de la plume, on vienne dire à la majorité : Vous penserez comme moi, vous agirez d'après mon opinion, ou je vous enverrai *mes sections organisées,* qui vous traiteront sans miséricorde, c'est le comble de la folie. Ceux-là mêmes qui font de ces coups n'en parlent ni avant ni après. Autant dire à un individu : « Vous avez de l'argent chez vous, j'estime qu'il est mal acquis ; rendez-le-moi de bon cœur, sinon, j'irai vous le prendre au risque de vous tuer. Ou bien : Vous avez une jolie femme qui me plaît, vous n'en êtes pas digne. J'irai la faire prendre par mes gens ; en cas de refus, ma justice vous frappera. » Ce fut là non le langage, mais la manière d'agir de tous les tyrans, de tous les inquisiteurs, de tous les brigands, de tous les chenapans. Contre ces représentants de la force inique, la révolution a eu sa raison d'être : *Similia simili-bus ;* mais contre le suffrage universel il n'y a, il n'y aura jamais que la raison, à condition que chacun ait la liberté de manifester son avis et ses principes par toutes les voies humaines de la persuasion.

Cette proclamation, un peu tourmentée, se réduit en effet à cette seule et unique phrase : Français électeurs et réactionnaires ! « *Dépouillez-vous de ce que vous avez, et nous vous pardonnerons, sinon, du plomb ! mais ce sera votre faute.* »

Ces choses-là, je le répète, se font quelquefois, mais ne se disent jamais. Ceux qui les disent ne sont pas capables de les faire.

M. Barbès, colonel de la 12e légion et représentant du peuple, fut forcé de reculer, par suite d'une contre-déclaration des officiers de cette même légion. Mais il avait montré le bout de l'oreille. Il était un des chefs de la *Société des droits de l'homme.* Un faux point d'honneur de conspirateur ne lui permit pas de rentrer dans la voie légale, bien qu'il craignît comme le feu la présence de Blanqui. Blanqui était l'ombre de Banco de cette Société.

Ce dernier, en fait de déclarations révolutionnaires, renchérit encore sur les autres. Dans son club on voua à la mort· l'armée et la garde nationale de Rouen. Dans une proclamation, signée de lui, on lit les aménités suivantes :

« *La contre-révolution vient de se baigner dans le sang du peuple. Justice, justice immédiate des assassins !* »

Il appelle les soldats « *des imbéciles gorgés de vin et de haine* ».

Enfin il demande formellement : « *la dissolution et le désarmement de la garde bourgeoise de Rouen.*

(C'est ainsi qu'on appelait, depuis quinze jours, la garde nationale.)

« *L'arrestation et la mise en jugement des généraux et des officiers de la garde bourgeoise et de la troupe de ligne, qui ont ordonné et dirigé le massacre. L'arrestation et le jugement des soi-disant membres de la cour d'appel.* »

On se demandait anxieusement d'où venait cette audace aux socialistes, quelques jours après leur défaite. On se demandait à quoi servait la police avec ses nouveaux gardiens? La réponse à ces demandes fut que la police était complice. On ne savait pas, ou plutôt ou ne croyait pas que la vraie police était à la *Commune de Paris*.

Ce journal qualifiait les représentants de *commis du peuple* et les traitait avec un souverain dédain. Le jour de l'ouverture de l'Assemblée, les délégués des clubs se présentèrent aux portes, armés jusqu'aux dents.

On ne les laissa pas entrer en armes, mais ils obtinrent du ministre de l'intérieur des cartes d'admission et ils s'établirent crânement dans les tribunes, où, grâce à leurs ceintures rouges, ils eurent l'air de *commissaires surveillants*, dont, en effet, ils prirent le ton, le geste et l'attitude. Toujours de la contrefaçon, et de la pire espèce. Cette seule circonstance eût suffi pour se convaincre qu'on était à la veille d'une nouvelle tentative. D'ailleurs, dès son début, l'Assemblée donna des preuves de sa faiblesse, de sa nullité, de son impuissance. L'anarchie était dans la rue, mais elle n'en était pas moins dans l'Assemblée.

XXIV

LA COMMISSION EXÉCUTIVE

Rien de plus humiliant pour la grandeur des hommes que de voir une Assemblée élue s'agiter, à tort et à travers, sans principe arrêté, sans savoir ce qu'elle veut. Autant charger une troupe d'oies de maintenir le silence. Ce fut un tohu-bohu, un chaos de paroles, de figures et de gestes à dégoûter le plus enragé clubiste. On eût dit neuf cents nains, grimpant les uns sur les autres, pour représenter un géant, et pas un homme !

On espérait voir sortir de cette fourmilière un homme ou deux ; on comptait surtout sur M. de Lamartine, lorsque, dans la discussion sur la formation d'un nouveau gouvernement provisoire, celui-ci fit l'éloge de son collègue Ledru-Rollin et proclama la république sociale. Jusqu'à présent, M. de Lamartine, représentant de la réaction modérée, était quelque chose, et quelque chose de très populaire, quoique négatif. Ce n'est pas M. de Lamartine qui obtint trois millions cinq cent mille voix, mais l'adversaire du système Ledru-Rollin.

Grâce à sa robuste foi dans sa propre grandeur, M. de Lamartine prit cette acclamation pour une reconnaissance de son génie républicain. Il se croyait le maître de la France. Courte fut la déception.

Le lendemain l'acclamé de la France ne sortit que

le quatrième sur la liste des cinq membres de la *Commission exécutive*. Elle fut composée de :

1. Arago.
2. Garnier-Pagès.
3. Marie.
4. Lamartine.
5. Ledru-Rollin.

Si Arago eût été jeune, il aurait pu former un parti républicain progressiste.

M. Marrast, beaucoup plus spirituel et surtout plus pratique que M. de Lamartine, eût pu, ce jour-là, inscrire son nom sur le front de la France.

Il n'avait qu'à dire la vérité, il n'avait qu'à dire ce qu'il avait fait et ce qu'il comptait faire. Mais les clubs étaient là avec leurs sections organisées, et M. Marrast savait à quoi s'en tenir sur les menées de la police et même du ministère de l'intérieur. Il s'effaça. Lui aussi attendait.

La plupart des hommes se tuent de peur de mourir. Il est vrai de dire que M. Marrast attendait le général Cavaignac.

XXV

LA JOURNÉE DU 15 MAI

Le gouvernement, pavé de bonnes intentions, inventa une idée pastorale, une nouvelle fête de fraternité et de concorde. A cette fin, des délégués devaient se rendre, de tous les points de la France, à Paris. Mais les délégués du Luxembourg, les clubs de Paris refusèrent, tout d'abord, d'assister à la fête, sous prétexte que les promesses faites sur les barricades n'étaient pas accomplies et que l'Assemblée nationale avait refusé de nommer M. Louis Blanc ministre du travail (le ministre du progrès s'appelait dès lors ministre du travail). Leur résolution était prise, leur plan tracé. Barbès avait essayé dans l'Assemblée d'évoquer l'affaire de Rouen, il échoua. Mais ce ne fut qu'un prélude.

L'Assemblée, voyant venir l'orage, proposa d'armer tous les représentants. A quoi bon alors être représentant ?

Ce n'eût été qu'un bataillon de gardes nationaux de plus !

La proposition fut rejetée.

La *Commune de Paris* citait presque tous les jours le passage suivant *des droits de l'homme* de Robespierre :

« *Le peuple est le souverain. Le gouvernement est son ouvrage et sa propriété. Les fonctionnaires publics sont ses commis.* »

« *Le peuple peut, quand il lui plaît, changer son gouvernement et révoquer ses mandataires.* » Certainement. Mais alors pourquoi ne l'a-t-on pas consulté, sur la forme du gouvernement, le lendemain du 24 février ?

Cinq cents Parisiens, proclamant la République, ne font pas le peuple de France.

Il fallait un prétexte pour se présenter en masse à l'Assemblée! Il fut trouvé dans la cause polonaise. La plupart des délégués départementaux se trouvaient à Paris pour la fête du 14, remise à un autre jour. Bon nombre d'entre eux furent enrégimentés dans le mouvement. Ne s'agissait-il pas d'une cause peu dangereuse, d'une pétition en faveur de la Pologne! On fit un essai de ballon vide, le 13 mai. Une masse de clubistes s'avancèrent jusqu'à la place de la Madeleine, pour porter une pétition à l'Assemblée. Ce jour-là, les conjurés ne pénétrèrent pas plus avant. Ce n'était qu'une répétition générale. La première représentation était annoncée pour le lendemain. Un entrefilet, à peine perceptible, de la *Commune de Paris* l'annonça formellement le 14, sous le titre de *note*.

La voici :

« *Le Comité centralisateur fait savoir à tous les démocrates que la manifestation en faveur de la Pologne n'aura lieu que le lundi 15 du courant, à dix heures du matin. Les citoyens se réuniront à la Bastille.* »

« Toute convocation autre que la présente doit être considérée comme non avenue. »

Cette dernière phrase était à l'adresse de Blanqui, qui, dans son club, avait déconseillé *publiquement* toute participation à la manifestation. Il y avait là encore quelque anguille sous roche, car M. Blanqui a parfaitement pris part, et une part très active, à la manifestation.

Non pas que la masse des *manifestateurs* eût été initiée aux mystères de la démarche.

Quelques chefs seulement en connurent le but. Le général Courtais était visiblement gagné. La *Commune de Paris* annonça, en toutes lettres, « *que le général ne marcherait jamais contre le peuple* ».

Le gouvernement compta sur Caussidière et Sobrier qui étaient les vrais chefs du mouvement. On a de la peine à croire à tant de niaiserie. Heureusement la tragédie tourna en comédie.

· L'avant-garde à peine arrivée sur le pont de la Concorde, le général Courtais ordonna à la garde mobile de mettre les baïonnettes dans le fourreau. En un clin d'œil, l'Assemblée fut envahie ! Nul rappel ne se fit entendre. MM. Raspail, Louis Blanc, Blanqui prirent tour à tour la parole devant une Assemblée clouée sur ses banquettes.

M. Ledru-Rollin prit la parole pour s'assurer une retraite. « Il ne parlait pas, disait-il, *en sa qualité de membre de la commission exécutive, mais comme simple représentant.* » Enfin, M. Barbès, prenant la parole, demanda d'autorité, au nom du peuple :

1° Une déclaration de guerre contre l'Europe ;

2° Un milliard de contributions forcées sur les riches.

Le désordre fut à son comble, lorsque M. Huber, sur l'insinuation de M. Buchez, président de l'Assemblée, déclara que l'Assemblée nationale était dissoute, ce qui, en effet, donna à ses membres la liberté de s'en aller et d'appeler la garde nationale.

L'Assemblée était déjà dissoute, avant que la garde nationale fût sous les armes. Seulement la première légion, informée de ce qui se passait, se rassembla avenue Gabriel et se dirigea vers l'Assemblée. Pendant que l'Assemblée se dissolvait, le peuple fit une ovation à MM. Barbès et Louis Blanc, enveloppés fraternellement dans un drapeau tricolore, à une fenêtre de la cour.

A peine quelques représentants venaient-ils de

raconter à la garde nationale et à l'armée, accourues à la hâte, ce qui s'était passé, que celles-ci, pénétrant dans l'Assemblée, chassèrent les envahisseurs devant elles.

Les chefs de la conspiration s'étaient dirigés vers l'Hôtel de Ville, où les amis les attendaient.

Là, différents gouvernements provisoires furent proclamés. Une de ces listes porta les noms de Barbès, de Blanqui, de Cabet, de Huber, de Sobrier, de Louis Blanc, d'Albert et de Raspail. Barbès protestait encore contre le nom de Blanqui, lorsque la force armée pénétra dans l'Hôtel de Ville. Il fut arrêté par ses propres amis. Nombre d'entre eux étaient entrés à l'Hôtel de Ville avec l'insurrection et sortirent comme sauveurs de la société.

Ils n'avaient fait que se tourner sur l'escalier. Au lieu de présenter la face, comme s'ils descendaient, ils tournèrent le dos, comme pour monter.

Lamartine, qui déjà une fois avait protégé Ledru-Rollin, le prit de nouveau sous son manteau de Lazare et se rendit avec lui, à cheval, accompagnés de deux régiments, à l'Hôtel de Ville. Vers six heures tout Paris fut occupé par la garde nationale, qui bivouaqua toute la nuit.

Excès contre excès; il devint dangereux de crier : *Vive la République !*

Si les élections n'avaient pas été faites, pas un républicain n'eût été élu.

XXVI

LE DÉFAUT DE LA CUIRASSE.

Il n'y a pas, en France, cinquante hommes qui croient sincèrement en la justice de Dieu. Il n'y en a pas dix qui croient fermement à la *logique* des causes et des effets, qui n'est autre que la loi du Créateur, comme qu'il s'appelle. Tout Français catholique ou athée, ne croyant qu'à la force des hommes, surtout à la sienne, se dit à part soi : « Ah ! si j'étais le gouvernement, comme je ferais marcher tout ça. » Tout Français croit non seulement à son génie, à son habileté, mais il croit encore qu'il suffit d'être le maître et de disposer de la force matérielle, pour dominer les événements. Il n'est certes pas vrai, comme l'a dit Bossuet, que les hommes s'agitent et que Dieu les mène. Si les hommes comprenaient leur liberté mais aussi leur responsabilité ; s'ils savaient qu'une action injuste, une fois librement commise, porte en soi logiquement, inexorablement ses effets également injustes ; s'ils étaient convaincus que nul pouvoir divin ni humain ne peut détacher un effet de sa cause, ils ne *s'agiteraient* pas, ils *agiraient*, d'après la loi de la justice, innée dans tout être humain, et nul dieu ne pourrait *mener* un acte de justice au point d'en faire sortir un mal. L'homme est libre d'opter entre la justice et la violence. Là est sa grandeur ! Mais l'option une fois faite, tout bien engendre le bien et tout mal produit un autre mal. Admettre le pardon, c'est-à-dire l'annihilation de la loi, en vertu de laquelle tout existe, ou le miracle, c'est-à-dire la suspension momentanée de cette loi, c'est un pur blasphème, le seul qui existe ! Car c'est nier la loi mathématique, logique, autonome, sans laquelle l'univers n'existerait pas une minute. L'histoire, d'ailleurs, est la preuve réelle de cette vérité ! Quiconque l'étudie et l'écrit sous un autre point de vue bâtit sur le sable et ne produit qu'une œuvre stérile.

L'usurpation de Louis-Philippe a enfanté la révolution de Février. Il eût été facile, le mal expié, de rentrer dans la justice, en consultant directement le peuple français. Dès la proclamation autocratique de la République par le Gouvernement provisoire, le pouvoir était usurpé. La force avait remplacé la loi. Dès lors aussi les factions, qui ne reconnaissent que la force, devaient faire tentative sur tentative pour usurper ce même pouvoir et se mettre à la place du gouvernement. Eussent-elles vaincu, elles n'eussent jamais pu établir un gouvernement légal, durable. La France, dès le lendemain du 25 février, n'avait plus d'autre alternative qu'entre l'anarchie et le despotisme, ce qui est absolument la même chose. Le 17 mars devait engendrer le 16 avril. Le 16 avril était gros du 15 mai, et le 15 mai devait inexorablement produire l'insurrection de Juin. Les socialistes fussent-ils vainqueurs en juin, ils eussent été incapables de donner ni un jour d'ordre ni une heure de liberté. Ils auraient naturellement proclamé, et bien malgré eux, la terreur. La terreur eût produit un dictateur ; la dictature, le despotisme, lequel, à son tour, engendre naturellement la servitude et l'anarchie jusqu'à la disparition complète de la nation. Quand la notion de la justice a disparu d'un peuple, il n'y a plus de salut pour lui.

On ne décrète pas la liberté. Avant d'être libre, il

faut être juste, et nul n'est juste, nul même n'aspire à l'être, à moins de connaître la loi de Dieu et d'y croire, au point de mourir plutôt que de commettre une action contraire à cette foi, à cette vérité.

Nulle république, ni bourgeoise, ni démocratique, possible sans l'idéal de la loi immuable de l'*Être suprême*, sans la croyance à l'immortalité de l'âme. Je défie un peuple chrétien de conserver une république libre seulement pendant une année ! La démocratie est la fille de l'unité de Dieu. Moïse en est le créateur. Montaigne, Descartes et Spinoza en sont les pères légitimes. Dans l'état spirituel de la France de 1848, nulle forme démocratique ne fut possible.

L'athéisme proudhonien ne prêchait ni ne pouvait prêcher que la violence et le droit du plus fort. Le catholicisme de la majorité de l'Assemblée ne pouvait prêcher et ne prêchait que la résistance inquisitoriale, sans aucun examen d'un droit quelconque ni d'une loi de justice. Il n'y avait, entre toutes ces fractions, qu'une seule question à vider, savoir : *Qui de nous sera le plus fort ?*

Il fallait que tout cela finît par une guerre atroce et par l'application encore plus atroce du : *Væ victis !* Une fois la démocratie vaincue, le vainqueur lui-même devait céder à un plus fort. Aussi, depuis le 17 mars, les incidents n'ont plus d'autre intérêt que celui de précipiter ou de retarder l'événement final. Peu importe que ce soit M. de Falloux, ou un autre, qui ait plus ou moins hâté cette catastrophe. Elle était logique. Elle était inévitable. Quelle qu'en fût l'issue, le despotisme devait entrer par la même porte d'où sortît le vainqueur. Dès ce jour, les hommes et leur habileté ne sont plus rien. Les événements, plus forts qu'eux, parce que seuls ils sont logiques, dominent tout.

XXVII

UN ROYAUME POUR UN HOMME. — WASHINGTON
ET NAPOLÉON.

La logique domina si bien tous les cœurs, quoique
à leur insu, que de tous côtés, dans chaque parti,
on partait à la recherche d'un homme, c'est-à-dire
d'un dictateur, *d'un despote*. C'est ce qui va ressortir
de tous les agissements de cette époque. La France
ressemblait à un homme enfermé aux bords de la
mer dans une maison qui brûle. Elle avait le choix
entre le danger d'être brûlée ou d'être noyée. Ma
foi, elle a mieux aimé faire le saut périlleux. Elle
sait nager. Peut-être arrivera-t-elle, à travers un
océan d'écume et de boue, à la liberté fondée sur la
justice et la vérité. A l'heure où j'écris, elle nageotte
toujours !

Revenons aux faits.

L'Assemblée nationale, sauvée par la garde nationale, décréta l'arrestation de MM. Courtais, Barbès, Albert,
Raspail, Sobrier et Blanqui. M. Hubert fut arrêté et
relâché. M. Caussidière, qui le 15 mai refusa de se
rendre à la Commission exécutive sous prétexte d'un
mal de jambe, fut remplacé à la police par M. Trouvé-
Chauvel. L'ancien préfet de police se défendit à l'Assemblée dans un discours parsemé de jurons populaires, en rappelant ses services rendus. Il donna sa

démission comme représentant et fut réélu plus tard.
M. Clément Thomas fut nommé commandant de la
garde nationale.

Celle-ci envahit l'hôtel de la *Commune de Paris*, où
elle trouva un dépôt d'armes de guerre livrées par le
gouvernement, et une liasse de proclamations dans
lesquelles Sobrier avait changé en lois organiques les
propositions de Barbès. Ces guenilles crottées de la
démocratie vaincue furent tournées en tous sens pendant quelque temps et érigées bêtement en trophées
par la presse réactionnaire.

L'Assemblée demanda également l'arrestation de
Louis Blanc. Là n'était plus la question ; elle était
plus haut.

Le 15 mai avait mis à nu la complète impuissance
de la commission exécutive. Ce gouvernement de lyri-
ques et d'avocats venait d'assister à la tragi-comédie
du 15 mai, on eût dit en qualité de curieux spec-
tateurs, occupant les premières loges. D'ailleurs,
M. Ledru-Rollin n'avait-il pas dit : « Ce n'est pas comme
membre de la commission que je prends la parole,
mais comme simple représentant. » Son nom ne s'était-
il pas trouvé sur une des listes du nouveau gouvernement provisoire !

A son tour, l'Assemblée avait donné des preuves
de sa nullité. Son président, cédant aux menaces de
l'émeute, avait donné par écrit l'ordre de ne pas battre
le rappel.

La garde nationale seule représentait le pouvoir.

Elle était maîtresse absolue et de l'Assemblée et de la
commission. Mais déjà lasse de son omnipotence, *elle
demandait un homme* pour en finir d'une manière ou
d'une autre. Nouveau Diogène, elle cherchait un homme,
le fallot de ronde-major à la main.

Le peuple, maître absolu, ne gouverne nulle part directement. A peine investi de ce pouvoir, il cherche à le
déléguer, soit à une Assemblée, soit à un seul homme.

Le peuple sent instinctivement qu'il faut qu'il plante, qu'il sème, qu'il tisse et qu'il récolte en repos. Il ne demande pas mieux que de travailler, pourvu que son travail soit assuré. Cet instinct de conservation est si violent qu'il y sacrifie, s'il le faut, sa liberté. Le premier besoin d'une nation c'est l'ordre. L'ordre établi, il cherche la liberté. Pour marcher, il faut d'abord être debout. L'ordre, c'est le pouvoir d'être debout. La liberté, c'est la marche, le mouvement !

Cet instinct d'ordre, qui prime tout en temps de troubles et de révolutions, porte la masse vers une dictature, vers un homme. Le peuple sent vivement; il sait, par l'expérience de son travail, que tout ce qui se fait à peu près bien, se fait par l'initiative d'un homme capable, énergique, qui sait vouloir et commander, que rien ne se fait par des hommes, c'est-à-dire là où plusieurs hommes commandent à la fois, où chacun s'en rapporte à l'autre. Heureux le peuple qui, libre de son mandat, trouve un véritable grand homme, un homme de devoir et de bien, qui, au lieu de se servir de ce pouvoir pour son élévation personnelle, pour ses passions et ses vices, voue son temps, son esprit et ses travaux à fonder la liberté sur l'ordre rétabli, afin qu'après lui la nation, dût-elle manquer d'hommes vertueux dignes de gouverner, soit garantie par ses propres institutions contre le despotisme et l'impuissance, car tout pouvoir absolu devient impuissant en très peu de temps.

Si Washington eût été un vulgaire ambitieux, un homme de sabre et de plumet, il aurait pu, tout aussi bien que Napoléon, fonder une monarchie. Il aurait pu léguer à son peuple, la guerre, avec toutes ses fausses gloires, sauf à lui laisser la défaite, l'esclavage et la ruine. Mais il est douteux qu'un Lincoln eût, quelques années plus tard, tranché la question de l'esclavage. L'Amérique ne serait qu'un Mexique du Nord.

Si Napoléon Ier eût appris quelque chose, si dans sa jeunesse il avait étudié la philosophie et l'histoire, s'il avait cru à un seul principe idéal de justice, s'il avait senti que la véritable grandeur d'un homme, c'est de vouer toutes ses forces au bonheur, à la paix de sa nation, que le meilleur moyen de garantir la liberté à une nation, c'est de lui sacrifier la sienne propre, s'il avait eu la conviction qu'on ne travaille bien pour soi qu'en travaillant pour autrui, au lieu de confisquer le pouvoir pour lui seul, il aurait fondé la République, tout en la gouvernant, et il l'aurait fondée sur des bases inébranlables !

Mais Napoléon n'était pas un grand homme. On n'est grand qu'en vivant pour les petits. On n'est fort qu'en vouant ses forces aux faibles. Nul n'existe pour soi, pas même le Créateur. Si Dieu n'existait que pour que l'homme le couronnât et le comblât d'éloges, ce serait le dernier des artistes.

C'est pourquoi tous les grands penseurs de l'antiquité et des temps modernes, ont basé la liberté nationale de la République sur la *Vertu*. Il n'est pas d'autre vertu que de vivre pour autrui. Nulle liberté n'est possible, si l'un ne voue pas sa force à l'autre, si chacun exige la jouissance complète de tous ses droits, sans accomplir ses devoirs. Nulle démocratie n'existera jamais, si elle ne trouve pas des hommes proclamant les principes, sachant vivre pour eux et prêts à mourir plutôt que de les violer ou de les laisser violer !

Ce cri : UN HOMME ! devint si général qu'il tourna en véritable *scie*. Le danger d'ailleurs n'avait point disparu. Au contraire ! Véritable Pénélope moderne, le gouvernement républicain retissait la nuit ce que la garde nationale avait défait le jour.

Mais où trouver cet homme dans un pays où pas un des hommes d'État connus n'a jamais proclamé un principe et n'a jamais vécu que pour jouir (1) ! Et puisque. les hommes de la réaction venaient de consacrer le principe démocratique, Barbès et Blanqui étaient dans la logique en demandant les conséquences de ce même principe. Et puisque l'Assemblée criait quatre fois par jour « Vive la République ! » où donc était le crime de Louis Blanc de désirer que cette République fût sociale ?

Aussi la commission, après avoir demandé la poursuite de Louis Blanc, poussée malgré elle par la logique, fut-elle forcée de se donner un démenti et de faire voter ses ennemis contre elle-même.

Le besoin d'un pouvoir fort devint si universel que l'Assemblée n'eut rien de plus pressé à faire que de renouveler le décret de bannissement contre tous les prétendants, de peur qu'on n'espérât y trouver un homme.

Nombre de révolutionnaires, même de républicains, corrigés par les événements, eussent accepté de grand cœur une monarchie constitutionnelle, pourvu qu'ils eussent trouvé un homme. Mais dans le parti réactionnaire, légitimiste et orléaniste, il n'y avait pas d'homme !

Le prince de Joinville, instruit de ce cri général : « un royaume pour un homme ! » écrivit quelques lettres à la *Presse*. La candidature fut affichée à Paris à côté d'un placard s'écriant : « Vous demandez un homme ? Prenez Caussidière. » On sourit et l'on passa.

Enfin la réaction jeta son dévolu sur Louis-Napoléon. Il a fait Boulogne et Strasbourg, se disait-elle, il fera Paris. Son nom veut dire : *A bas la République !*

---

(1) Le lendemain du 24 février, j'ai rencontré un des membres les plus puissants du Gouvernement provisoire dans une voiture avec Rachel et George Sand. Cela valait bien la peine de faire une révolution.

Déjà la nuit du 15 mai, au bivouac du Luxembourg, des gardes nationaux osèrent pousser ces cris. Ceux-là même qui ne les approuvèrent pas les laissèrent crier sans protester. La contre-révolution allait se faire ; elle était faite.

A ce cri général, universel : « un homme ! un homme ! » l'Assemblée eut un frisson de frayeur.

Elle se mit-elle-même à la recherche d'un homme, et elle crut l'avoir trouvé dans M. Thiers.

Un faiseur de volumes et de discours, sans philosophie, sans principes, sans génie et sans style, le même qui avait joué un rôle si piteux dans la nuit du 23 au 24 février ; espèce de rivière large et flasque, roulant du sable et des goujons, guéable aux ânes et aux vieilles femmes, mais dont les eaux ne sont pas assez profondes pour porter une nacelle, encore moins pour servir de port aux endroits qu'elle parcourt.

Cet homme, cet *homunculus* devait servir de contre-poids au nom de Napoléon !

Pauvre Assemblée ! Pauvre République ! Pauvre France !

XXVIII

UNE VOIE DE SALUT

Dès que le nom de Louis-Napoléon circula dans le peuple, l'Assemblée protesta, en renouvelant contre lui *seul* un vain décret de bannissement. Ses cousins, nul ne sait pourquoi, siégeaient déjà comme représentants du peuple. Louis-Napoléon protesta contre ce décret dans une lettre datée de Londres du 25 mai.

On passa outre.

Mais le peuple, à son tour, ne tint aucun compte du vote de l'Assemblée. Louis-Napoléon fut élu *quatre fois*. Paris même le proclama dans une liste supplémentaire.

En revanche, M. Thiers, l'homme de l'Assemblée, fut élu *cinq fois*.

Le général Changarnier fut également élu.

Dès ce jour, la Révolution entre dans une nouvelle phase.

En effet, les journées du 17 mars et du 16 avril, coups de main de parti, pouvaient sous certains rapports être justifiées. Le Gouvernement provisoire ne tenait pas son pouvoir du peuple. Il s'était déclaré lui-même pouvoir *constituant*. On pouvait non seulement n'être pas de son avis, mais lui dénier le droit de représenter la Révolution. On pouvait, en un mot, sans violer une loi, essayer de le renverser, sauf à se faire légitimer par la nation. Mais la journée du 15 mai était bel et bien un crime de lèse-nation, un attentat contre l'Assemblée légitimement élue par le suffrage universel. Cette Assemblée, quoique peuplée de vieux réactionnaires, véritable ramassis de transfuges de tous les partis, venait de proclamer la République.

Il n'appartient à personne de scruter les consciences et de suspecter les esprits.

La République proclamée par l'Assemblée nationale était le gouvernement le plus légitime du monde.

Que restait-il aux partis avancés de la démocratie, se faisant appeler République sociale? Ils avaient les clubs ; ils avaient la liberté la plus absolue de la presse ; ils avaient la jeunesse et l'avenir. Il leur restait le temps et le droit d'avoir raison. A eux de convaincre le peuple de la justesse et de la justice de leurs prétendants ; à eux de se faire nommer représentants, ministres, préfets ; à eux de transformer la république prétendue politique en république sociale. C'était leur devoir et leur droit.

Mais envahir de force cette Assemblée à peine établie, lui mettre le couteau sur la gorge et lui demander le pouvoir ou la vie, cela ne fut et ne sera jamais qu'un acte de brigandage.

Il fallait conserver et ménager ces forces et ces audaces pour le jour où un usurpateur quelconque tenterait d'établir son pouvoir personnel par la violence et les armes.

Certes, les journées du 17 mars et du 16 avril ont quelque peu effrayé la bourgeoisie de Paris ; mais, la frayeur passée, elle en riait elle-même, en tendant la main à ses futurs dictateurs ; mais après la tentative criminelle du 15 mai, la garde nationale de Paris fut saisie d'un accès de rage contre toute république, contre tout républicain sincère. Le cri général était : « Il faut en finir ! »

Pour sauver la République contre cette frénésie populaire, il eût fallu un véritable homme d'État au pouvoir, un homme de principes, marchant droit devant lui et ne se laissant entraîner par aucun parti. Il eût surtout fallu empêcher toute brigue de prétendant, et ne pas songer à sa propre élévation personnelle, comme l'ont fait MM. Lamartine, Cavaignac et Thiers.

Je me suis trompé bien des fois dans ma vie : j'ai écrit nombre de mauvais articles et de détestables brochures ; je n'ai pas toujours rendu justice à qui de droit ; mais je n'ai jamais fait l'éloge de l'empereur Napoléon Ier, pas même dans ma jeunesse. Je l'ai toujours considéré comme le Polyphème du XIXe siècle. Ce n'est pas un homme, c'est un sabot de fer : il a tout enrayé ; il a rétabli la monarchie ; il a rétabli le clergé ; il a rétabli la noblesse, la censure, les lettres de cachet ; que n'a-t-il pas rétabli ! Le tout pour porter un manteau impérial, véritable robe de Nessus, dont il n'a jamais pu se débarrasser, pas même à Sainte-Hélène.

J'aimerais mieux avoir fait une année de galères, sans l'avoir mérité, que d'avoir écrit l'*Histoire du Consulat et de l'Empire*, signée Thiers.

Eh bien ! après le 15 mai et la réaction furibonde qu'il provoqua, après la quadruple élection de Louis-Bonaparte, l'empire pour moi était fait. J'avais vu M. Lamartine ; je suis allé voir M. Thiers.

Si jamais j'avais tenu à être quoi que ce fût, moi, sans nom et sans réputation, j'eusse désiré n'avoir pas d'autres ennemis que des hommes de cette trempe.

Je le répète, l'empire était fait ! et ce n'est pas M. Thiers qui le défera. Le peuple savait très bien que l'homme de Boulogne et de Strasbourg n'avait pas fait ces tentatives, au risque de sa vie, pour être nommé président de la République. D'ailleurs, on ne se gênait pas pour dire au milieu des rangs de la garde nationale : « Celui-là nous débarrassera de la République et de ses journées. »

Qu'y avait-il donc à faire pour détourner ce danger immédiat, pour laisser aux passions réactionnaires le temps de se calmer ?

Il n'y avait qu'une seule voie de salut : car admettre le prince à l'Assemblée, ce fut mettre un manche dans une hache despotique, tout affilée, toute prête à abattre l'arbre de la République et de la liberté.

La voici :

Les décrets du Gouvernement provisoire n'ont jamais eu force de loi sans être consacrés par l'Assemblée.

L'abolition de la peine de mort en matière politique a été la faute capitale de ce gouvernement.

Il fallait faire rapporter ce décret par l'Assemblée, qui n'aurait pas osé refuser ;

Puis, défendre à tout membre mâle d'une famille de prétendants de mettre le pied sur le sol de la France, pendant les trois premières années de la République, SOUS PEINE D'ÊTRE FUSILLÉ SANS JUGEMENT ;

Puis, déclarer nul de soi tout bulletin indiquant un de ces noms, même pour représentant.

Cela fait, on n'aurait jamais vu en France le nez d'un prétendant quelconque.

Libre à la République de renouveler ce décret au bout de trois ans ou de l'annuler !

J'ai proposé cette mesure de suprême salut à Lamartine. Il m'a dit que le prince n'était pas dangereux ; que, d'ailleurs, il n'avait pas de talent. On va voir que M. Lamartine, après avoir cru le foudroyer par des articles, a fini par employer d'autres mesures plus matérielles, mais aussi inefficaces et surtout plus *illégales.*

J'ai proposé à M. de Girardin une seconde lettre contenant cette mesure. Je lui ai même proposé de ne pas signer.

« Vous êtes un monarchiste, me répondit-il sotte-
ment. Si j'étais président, tous les princes prétendants
pourraient se promener sur les boulevards ; je ne
les crains pas. »

Parbleu ! il aurait été avec le plus fort.

M. de Genoude m'a dit : « Si je n'étais pas légitimiste, j'insérerais votre article. » Lui non plus ne
croyait pas au bonapartisme. « La légitimité, me dit-
il, a donné la Charte au peuple français ; l'empire
ne lui a donné que les passeports. »

Du temps qu'on ne se doutait pas de mon talent,
j'avais tous les journaux à ma disposition. Du moment
que j'ai eu un nom, une opinion à moi, je n'ai
plus trouvé que des journaux qui m'ont proposé de
de défendre leurs ours et leurs singes. Pour avoir
de l'influence dans un journal de Paris, ou il faut
être de son parti, en ce cas seulement il vous per-
met d'avoir du talent ; ou bien être d'une banale
médiocrité, ménageant ses chèvres, ses choux et ses
carottes.

XXIX

PROJETS DE CONSTITUTION. — PROPHÉTIE
DE LAMARTINE.

La quadruple élection de Louis Bonaparte fut d'abord
une énigme pour l'Assemblée, la presse et la bourgeoisie. Elle fut un coup de foudre pour M. de Lamartine, qui croyait son élection comme président de la
République assurée.

L'Assemblée, dans ses moments perdus, s'occupait
de la Constitution. La presse ne s'en occupait que
dans les articles de *Variétés*. M. de Lamennais avait
ébauché un projet de Constitution ; mais comme il
fut seulement nommé membre de la commission
chargée de la Constitution, il donna sa démission et
retira son projet.

Une commission politique pour faire une constitution ! comme si des hommes sans philosophie pouvaient faire une constitution ; comme si une constitution politique n'était pas le porte-queue de la
constitution religieuse ; comme si jamais nation *chrétienne* avait pu fonder un jour d'ordre, une heure
de liberté.

Nul homme ne tiendra jamais à être libre s'il
n'a pas la conviction que de son libre arbitre dépend
son bonheur ou son malheur, s'il croit que tout lui
vient de la Providence, qu'il existe un destin, une
grâce pour tout mortel. Nul ne sera juste, s'il admet

que Dieu puisse, par sa volonté, pardonner, c'est-à-dire transformer le vice en vertu et la couardise en vaillance, ou bien détacher, détourner l'effet de sa cause, et sans justice, pas de liberté !

Jamais constitution républicaine ne se maintiendra avec la théologie chrétienne, arbitraire, despotique, miraculeuse !

Si jamais l'Amérique réadopte le christianisme comme religion sociale, ce sera fait de sa république en moins de vingt années.

Dans une lettre adressée à George Sand, M. de Lamartine, sans s'appesantir sur la Constitution, se prononça pour une présidence de la République. Naturellement !

M. Thiers se prononça également pour une présidence.

Le général Cavaignac opina dans le même sens.

Chacun, on le voit, prêcha pour son saint ; chacun se croyait adoré, l'idole du peuple.

M. de Lamartine fit semblant de rire de la quadruple élection du prince, faite sans placards, sans circulaires et en dépit du vote de l'Assemblée.

Dans son journal *le Bien Public*, rédigé par M. de la Guéronnière, il fit insérer l'article suivant :

« M. Louis-Napoléon est l'homme des surprises. Il
« arrive on ne sait par quelle porte ni à quel
« moment. Un jour on apprend qu'il est entré dans
« la citadelle de Strasbourg. Il venait demander une
« couronne, il reçoit un passeport. Quelques années
« plus tard, il débarque à Boulogne ; il reste à
« Doullens.

« Il en sort comme il y était entré : — par-des-
« sus les nuages.

« A peine la République est-elle proclamée, qu'il
« est aussi vite arrivé que la République. Le Gou-
« vernement provisoire est obligé de le reconduire
« à la frontière.

« Les comices sont appelés, Louis-Napoléon a dis-
« paru.

« Les comices sont rappelés, Louis-Napoléon repa-
« raît, et, *à la stupéfaction générale*, Louis Bonaparte
« sort trois fois du scrutin.

« Par quelle alchimie électorale, par quelles objur-
« gations occultes trois départements se sont-ils
« entendus POUR JETER CE DÉFI A LA RÉPUBLIQUE?

« Qu'a-t-on voulu nommer *incognito* dans le mys-
« tère sur la tête du prisonnier de Doullens?... »
Après ce début solennel, on s'attend à une grande
mesure de salut public.

Voici maintenant la fin de son article : « *Desinit
in piscem.* »

« Nous n'avons à ce sujet aucune inquiétude. Nous
« savons trop bien qu'il y a aussi loin de la Répu-
« blique à un nouveau brumaire que de Louis Bo-
« naparte à Napoléon Bonaparte. »
Mauvais moyen de victoire de rapetisser ses adversaires.

Et encore plus mauvais prophète!

XXX

LA FUSION. — LE PARTI CAVAIGNAC.

La commission exécutive, incarnée dans la personne de Lamartine, car Ledru-Rollin, depuis le 15 mai, était moralement mort, ne s'est pourtant pas contentée de simples articles de journal contre le prince. Ordre fut donné à tous les préfets d'appréhender au corps Louis-Napoléon Bonaparte partout où il se montrera. Un signalement et une photographie du prince furent joints à cet ordre, qui, vu le décret de bannissement, était parfaitement légal, malgré la quadruple élection. Lorsque l'Assemblée, se déjugeant d'un jour à l'autre, prononça la validité de l'élection et l'admission du prince en qualité de représentant, ce fut pour la commission un coup de foudre, une sommation en due forme de donner sa démission.

Que s'est-il donc passé à l'Assemblée depuis le décret de bannissement? Quel était son intérêt de forcer la commission à déposer le pouvoir? Il faut avoir suivi jour par jour les évolutions ondoyantes de la presse et de l'Assemblée pour trouver les causes de ce revirement étonnant. Ces causes connues, on verra que tout ici-bas est mérité et bien mérité!

Dans ce temps, on lisait dans un numéro du journal orléaniste, *l'Assemblée nationale*, le fait divers suivant :

« On assure que dans un salon de Londres, plusieurs anciens orléanistes se sont réunis dans le but de réconcilier la famille Bourbon et d'en faire une seule maison et un seul chef. »

M. Thiers, venait de faire son entrée triomphale à l'Assemblée. Il venait d'être élu cinq fois. Il se croyait le maître de nos destinées.

La candidature Joinville avait totalement raté et le prince Louis venait d'être élu quatre fois. On inventa la fusion.

Par ce stratagème politique, M. Thiers comptait se servir des légitimistes contre les socialistes et les bonapartistes ; puis, faisant volte-face, des socialistes et des bonapartistes contre les légitimistes, en cas que ces derniers oseraient oser.

Inutile d'ajouter que M. Thiers et la fusion étaient les ennemis jurés du parti légitimiste, s'intitulant le *Droit National*, représenté par la *Gazette de France* et M. de Genoude, le seul homme capable du parti, désavoué d'ailleurs par le chef de la légitimité.

Placé ainsi à la tête d'un bataillon mobile, se tournant tantôt à gauche, tantôt à droite, le stratégiste parlementaire de la nuit du 24 février espérait décider la bataille et rester maître du terrain, dût-il, pour se sacrifier, se faire nommer président de la République.

Ce parti donc profita à l'élection de Bonaparte pour renverser la commission.

Mais tout en désirant la chute de la commission, le parti réactionnaire n'eût point osé jeter le gant au pouvoir, s'il n'avait pas été soutenu par l'inertie du parti républicain modéré, dont M. Marrast était le chef.

MM. Marrast, Jules Favre, Landrin, Pascal Duprat, tout en avançant lentement, avancèrent pourtant assez pour mettre les *Cinq* tout doucement hors du pouvoir. Ils ne votèrent pas ostensiblement contre eux, mais ils ne firent rien pour les soutenir. M. Marrast flairant une bataille socialiste, se réserva le général Cavaignac, qu'il fit nommer ministre de la guerre. Fort de l'assentiment de l'Assemblée contre les socialistes, appuyé par l'armée et la garde nationale, il n'eut pas un grand chagrin de voir la commission succomber et ne fit rien pour la relever. Et quand, comme nous le verrons tout à l'heure, la commission tuée sous le vote de l'Assemblée, ressuscita momentanément par la démission du prince, Marrast et ses amis, démasquant leurs batteries, travaillèrent à ciel ouvert à la chute de la commission, pour s'emparer des rênes de l'État.

Les hommes qui dans une révolution grimpent au pouvoir par la force matérielle seule, me font l'effet de ces grimpeurs de mât, les jours de fêtes populaires.

L'un crache dans ses mains, embrasse l'arbre et part; un autre suit de près; un troisième suit le deuxième. On les voit tous trois à une certaine hauteur.

Tout à coup le premier, lâchant prise, roule sur le deuxième, le deuxième sur le troisième, et les voilà tous trois dévalant et dégringolant.

Mais là-haut sur le sommet de l'arbre, le peuple admire une chaîne d'or, le prix du vainqueur.

Un quatrième tente l'essai, il monte, monte et monte. Le voilà sur le faîte, mettant la chaîne autour du cou et se faisant admirer. C'est le vainqueur! Saluez.

A peine arrivé, il n'a qu'un désir, c'est de redescendre, et d'une seule glissade il détale et se tue.

Voilà les vainqueurs, par la grâce d'un coup de main! Ils peuvent grimper au pouvoir, mais autre chose est de s'asseoir dessus.

Il ne leur reste tôt ou tard que la vaine gloire de regarder le mai et de dire : « *j'ai été là-haut.* »

XXXI

ENTRE LA VIE ET LA MORT. — LA DEMI-JOURNÉE
DU 13 JUIN

Voyons maintenant par quel enchaînement naturel
la commission, moitié morte, a sustenté sa vie jusqu'au mois de juin. Depuis le 15 mai jusqu'au 23 juin.
Paris était dans une agitation permanente. La commission se borna à l'arrestation de quelques chefs de
clubs, lesquels clubs n'en devinrent que plus violents.
Les ateliers nationaux furent déjà pour une bonne
partie dans le mouvement du 15 mai. Ces quinze
mille ouvriers qui s'ennuyaient à ne rien faire étaient
capables de tout, soit en bien, soit en mal.

Dans les élections du 29 avril, nombre de ces pensionnaires d'État votèrent pour les républicains modérés ; mais, depuis le triomphe de la réaction, la
classe ouvrière se partagea en deux camps bien tranchés et retranchés : l'un vota pour Bonaparte pour
faire pièce à la réaction catholique, l'autre pour les
socialistes. Grâce à cette circonstance, Pierre Leroux
et Proudhon entrèrent à l'Assemblée en même temps
que Thiers et Changarnier.

Après Leroux vinrent directement MM. Thoré et
Raspail. Le nombre des journaux ultra-socialistes
augmenta de jour en jour, ce qui n'eût pas été
un grand mal, s'ils n'eussent pas excité leurs amis
à employer les armes à défaut de raisons. A la *Com-*

mune de Paris et au *Représentant du Peuple* s'étaient joints : *la Vraie République, le Père Duchêne, la Convention, la Révolution, le Sans-Culotte, l'Organisation du travail, le Robespierre, la Carmagnole, le Tocsin*, etc. Quantité de ces feuilles prêchèrent ouvertement le partage des biens.

Il était question d'un immense banquet fraternel à vingt-cinq centimes par tête, auquel deux à trois cent mille hommes du peuple devaient prendre part, *sous les murs de Vincennes*. Évidemment ce banquet annoncé dans tous les journaux était un rendez-vous pour une nouvelle journée, et dans le but ostensible de mettre les prisonniers de Vincennes en liberté.

A Paris, il y avait presque tous les jours des attroupements aux portes Saint-Denis, Saint-Martin et sur la place de la Concorde.

La garde nationale était toujours consignée. Dès que l'Assemblée eut voté l'admission du prince, les abords du palais étaient littéralement obstrués tous les matins par une foule turbulente et frémissante, sous prétexte de voir passer Louis-Napoléon. Il y eut certainement des curieux réels dans ces attroupements, mais le grand nombre d'entre eux étaient des agitateurs, espérant provoquer un mouvement bonapartiste, et ces agitateurs n'étaient pas tous des bonapartistes.

Dès que l'on apprit que la commission exécutive venait de donner ou allait donner sa démission, les agitations populaires, gagnant en intensité, menaçaient de devenir dangereuses.

Une circonstance vint au secours de la commission.

Deux placards furent affichés presque en même temps à Paris.

Dans l'un, M. Caussidière, se croyant un homme pour avoir obtenu cent quarante-six mille voix, comme si cent mille béquilles pouvaient faire marcher un boiteux, fit dire par un de ses amis dans une affiche : « Cherchez un homme énergique, un homme d'action qui sache faire de l'ordre avec le désordre, qui régularise le flot populaire, mais qui ne le comprime point ! Mettez à la tête de la République un homme qui ne puisse jamais être un danger pour elle !

« L'homme que nous proposons et qui réunit à notre avis ces qualités, c'est *Caussidière*. »

Le peuple haussa les épaules.

Dans une autre affiche, le prince, remerciant ses électeurs, leur adressa la phrase suivante :

« Citoyens !

« Votre confiance *m'impose des devoirs, que je saurai remplir. Nos intérêts, nos sentiments, nos vœux sont les mêmes !* »

Cette phrase n'était pas faite pour inspirer de la sécurité à la commission exécutive.

Donc, pendant que l'Assemblée attendait la démission des *Cinq*, la rue était agitée par des bonapartistes, criant : « Vive l'empereur ! »

Il y eut même la moitié d'une journée.

Le 13 juin une foule compacte stationna sur la place de la Concorde, le rappel fut battu. La première légion s'avança hardiment contre la foule. Lorsque le commandant en chef, M. Clément Thomas, parut sur un magnifique cheval blanc, il y eut quelques cris : « A bas le général Thomas ! » Mais ces cris ne sortaient nullement des rangs de la garde nationale, comme on voulait le faire accroire. J'ai fait partie du bataillon qui évacua la place, et j'ai entendu ce cri, poussé par deux bourgeois assez mal vêtus. Soudain un coup de feu retentit. Le bruit se répandit que le commandant Clément Thomas venait d'être blessé. Le fait est que le coup n'a blessé qu'un garde national. On n'a jamais reconnu la personne qui a tiré. Dans ma compagnie on disait que le garde national s'était blessé par imprudence. Ce vacarme ne dura pas longtemps. Au bout d'une heure le calme était rétabli et la garde nationale rentra dans ses foyers.

M. Clément Thomas, après avoir fait d'abord beaucoup de bruit de ce coup de feu, a avoué plus tard dans l'Assemblée « qu'on avait exagéré l'importance de cette journée ! »

Mais, entre les deux déclarations, il y a un acte. Ce fut la démission écrite de Louis Bonaparte.

Cette démission, lue le 16 juin et datée du 15, est ainsi conçue :

« Monsieur le Président,

« J'étais fier d'avoir été élu représentant du peuple à Paris et dans trois autres départements. C'était à mes yeux une ample réparation pour trente années d'exil et six ans de captivité ; mais *les soupçons injurieux* qu'a fait naître mon élection ; mais *les troubles dont elle a été le prétexte ;* mais l'hostilité du pouvoir exécutif m'imposent le devoir de refuser un honneur qu'on croit avoir été obtenu par l'intrigue. Je désire l'ordre ET LE MAINTIEN D'UNE RÉPUBLIQUE SAGE, GRANDE, INTELLIGENTE, ET PUISQUE INVOLONTAIREMENT JE FAVORISE LE DÉSORDRE, JE DÉPOSE, NON SANS DE VIFS REGRETS, MA DÉMISSION ENTRE VOS MAINS.

« Louis-Napoléon BONAPARTE. »

Cette démission fut l'eau de Cologne jetée sur la figure, défaillante de la commission exécutive. A l'instant les troubles cessèrent. M. de Lamartine déclara dans le *Bien Public* qu'il était de son devoir de rester à la tête du gouvernement.

Ordre fut donné à la commission des dix-huit de hâter la confection de la Constitution, laquelle Constitution fut présentée et lue dans la séance du 19 juin.

Restait le danger des ateliers nationaux. On s'en

occupait, c'est-à-dire on en parlait et on en paperassait. Le nom de M. Émile Thomas fut remplacé par celui de M. Lalanne.

Des discours sans nombre furent prononcés; des comités furent institués; d'innombrables proclamations furent affichées contre les attroupements.

Jamais la commission exécutive, écrivante, pérorante, légiférante et défaillante ne se crut plus forte que la veille de sa chute!

Mais nous voici à la veille des journées de Juin!

XXXII

LES JOURNÉES DE JUIN

Ce fut le vendredi 23 juin que les barricades s'élevèrent dans Paris. En sortant des bureaux de la *Presse*, à deux heures de l'après-midi, le garçon de bureau m'annonça qu'une immense barricade venait d'être faite à la porte Saint-Denis. En même temps, un bataillon de la seconde légion de la garde nationale, stationnant à la mairie, sans avoir reçu aucun ordre, courut au pas accéléré vers la porte Saint-Denis, où il fut reçu à bâbord et à tribord par des coups de fusil. Il enleva la barricade au pas de course et laissa une douzaine de blessés et de morts. Cet acte héroïque, dès le début, décida de la bataille. Profonde fut l'impression que, dès le vendredi soir, le récit de l'attaque de la porte Saint-Denis a produite à Paris.

Là est tout le succès de juin.

C'est à cette attaque qu'un M. Leclerc, après avoir vu tomber son fils aîné, retourna chez lui quérir son fils cadet, en lui disant : « Ton frère vient de mourir frappé par une balle, pour l'ordre et la patrie. Je te rapporte son fusil. Prends-le et viens le remplacer (1). »

(1) C'est moi qui plus tard dans la *Gazette de France*, dans un article *signé*, ai *le premier* proposé la candidature Leclerc. On peut facilement se convaincre qu'avant mon article pas un journal n'avait prononcé ce nom. Mais ayant appris que les

Ce fait, dis-je, après avoir été raconté et glorifié le soir même par tous les journaux, ce fait seul a relevé le courage de la garde nationale, a entraîné la garde mobile et a rendu la vie à l'Assemblée, plus morte que vive.

Avant les événements de Juin, tous les gouvernements européens étaient prosternés devant l'émeute. A la moindre apparence d'une barricade, des régiments entiers se débandèrent. Ces néfastes événements ont appris à l'Europe, que quarante mille hommes armés derrière deux mille barricades peuvent être vaincus, et l'Europe, hélas ! à commencer par la France, n'en a que trop profité, aux dépens de la liberté, de la raison et de la justice !

Je le répète, moi qui ai vu les événements de Juin poindre, s'avancer, arriver et se déployer, je dis et je maintiens que sans la prise de la barricade Saint-Denis, à deux heures et demie, par un bataillon de la seconde légion de la garde nationale, se battant comme des conscrits enragés, que sans l'acte héroïque de M. Leclerc, ni l'armée, ni la garde mobile, ni même la garde nationale n'eussent attaqué les barricades avec tant de vigueur, et que l'issue de la bataille eût été plus que douteuse.

M. de Girardin a longuement accusé le général Cavaignac d'avoir hésité, d'avoir attendu le moment où la victoire penchait vers la réaction.

La haine personnelle de M. de Girardin contre le général a de beaucoup exagéré cette hésitation.

Ce dont je suis sûr, c'est que tout le monde officiel, depuis la commission exécutive jusqu'au dernier membre de l'Assemblée, tremblant et hésitant, ne sa-

délégués socialistes venaient de lui opposer mon ancien ami Eugène Sue, comme je n'ai jamais été ingrat, je déposai la plume après mon premier article et n'ai plus écrit une ligne en faveur de Leclerc. Sue fut élu à une très faible majorité.

vait à quel saint se vouer. M. de Lamartine, qui ne manque pas de courage, a bien essayé de monter à cheval le vendredi et d'aller aux barricades, mais arrivé à la rue de la Paix, il fut reçu par la garde nationale aux cris de : « A bas Lamartine ! A bas la commission exécutive ! »

A l'Assemblée même on ne voyait que des nez allongés, des visages pâles. Tout y était d'une tristesse mortelle. La parole mourait sur les lèvres des orateurs, et les représentants, inquiets, agités, se demandaient les uns aux autres les nouvelles du dehors, d'une voix tremblante et soupirante.

Lorsque arriva le récit de la prise de la barricade de la porte Saint-Denis, à l'instant on respira et l'on reprit courage. On força doucement la commission de donner sa démission. Mieux encore, on fit semblant de l'ignorer, en votant l'état de siège et la nomination du général Cavaignac comme dictateur, le tout sur la demande d'un interprète de M. Marrast et pour le lendemain samedi. Dès lors la bataille s'engagea ; dès lors arriva l'armée, et un peu plus tard la garde nationale de province, qui, déjà en mai, avait promis de venir à Paris prêter main-forte à l'ordre établi.

Le dimanche matin le dernier combat fut livré au faubourg Saint-Antoine. Le socialisme était vaincu pour la quatrième fois. Victoire stérile, car les vainqueurs mêmes qui escaladèrent le pouvoir sur le dos de la garde mobile et de la garde nationale, étaient les pères légitimes de leurs fils révoltés. Non seulement ils ne pouvaient pas être justes envers leurs frères rebelles, mais en proclamant de nouveau le principe de la force, les conséquences despotiques en sortaient comme autant de branches coupées d'un arbre, dont le tronc reste debout, sain et sauf.

XXXIII

LES ÉLÉMENTS. — HORREURS DE LA GUERRE CIVILE

De grands historiens ont remarqué l'intime connexion entre la météorologie et les catastrophes politiques. La Bible montre presque à chaque page la loi divine qui se manifeste par les éléments. C'est avec les fléaux des éléments que d'ordinaire la justice divine extermine ses grands contempteurs.

Presque tous les grands guerriers et conquérants, après des victoires sans nombre, ont été terrassés par des éléments.

Qu'on se rappelle seulement la campagne de Russie. Qu'on lise la description que fait Chateaubriand de la bataille de Waterloo.

Qu'on se souvienne de la chaleur pendant les journées de juillet 1830.

Je suis trop jeune (1) pour parler en qualité de témoin oculaire de ces époques mémorables, mais je n'ai jamais oublié le temps extraordinaire de deux dates qui jouent un grand rôle dans l'année 1848.

Ce sont les journées de Février et de Juin.

Le 23 février, la pluie grésillante et neigeuse a fait croire à Louis-Philippe qu'il n'avait besoin de prendre

(1) Ceci a été écrit en 1852.

aucune mesure énergique. Il croyait que cette pluie suffirait pour disperser l'émeute.

J'ai déjà parlé de la température du 23. Il plut jusqu'à trois heures. Après, le temps s'éclaircit et invita la garde nationale à faire sa visite au roi.

Le 24 février, il faisait un temps sec, sombre et venteux, un véritable temps d'exécution.

Je fus frappé du temps extraordinaire des journées de Juin. Le vendredi il faisait beau, mais de ce beau livide; on eût dit le soleil affecté de la jaunisse.

Le samedi, le vent était violent; il balayait la poussière des rues et la portait aux visages des insurgés. Ce même vent leur portait les coups de fusil et enleva les leurs. De temps en temps il tombait une goutte d'eau. Rien ne peut donner une idée de la cité de Paris quand une insurrection sérieuse y déploie ses noirs bataillons. Toutes les maisons sont fermées, tous les volets sont ouverts. Personne ne peut paraître à une croisée sans risquer d'être fusillé, car de part et d'autre les combattants des rues craignent les tirailleurs derrière les croisées. De temps à autre on voit passer, soit une ordonnance à cheval, soit un groupe d'hommes armés, au pas lourd et cadencé, l'arme au bras et la tête baissée. Ce morne silence n'est interrompu que par des détonations de feux de file et de peloton, et même de coups de canon.

Chose curieuse! Les animaux, surtout les chiens, paraissent sentir d'instinct la tristesse de l'homme. On n'en voit pas un qui ne trotte, l'œil inquiet et la queue entre les jambes.

Cet aspect lugubre change subitement vers la fin de l'insurrection, et alors encore le temps marche de front avec les événements, car lui aussi change d'aspect.

Le vent et la poussière entremêlés de velléités de pluie n'avaient pas cessé le samedi, mais le dimanche à dix heures du matin, l'été éclipsé pendant trois jours reparut dans toute sa splendeur.

Il n'est pas possible à une plume humaine de rendre fidèlement toutes les scènes tragiques et comiques d'une insurrection de trois jours vaincue ou victorieuse. Oh! que d'infamies j'ai vues! Dès que la victoire fut chose assurée et proclamée, les vainqueurs, de taciturnes qu'ils étaient, devinrent bruyants. Une grande partie des vaincus s'associèrent aux vainqueurs et insultèrent les amis malheureux de la veille. Un de ces Judas que je connaissais personnellement vint me serrer la main en se félicitant de la victoire; j'en ai effacé la trace avec mon mouchoir. La peine de mort étant abolie en matière politique, les vainqueurs, au lieu de faire des prisonniers, fusillaient et tuaient à qui mieux mieux. J'ai sauvé deux de ces malheureux de la fureur des gardes nationaux, bonnetiers, chaussetiers, papetiers et autres gens de la même farine, des sauvages!

Rien de plus démoralisant qu'une guerre civile. Si lâche que soit l'homme, il ne se montre si méprisable qu'en temps de guerre civile. Des gardes nationaux qui, pendant le danger, s'étaient éclipsés, du moins furent-ils invisibles, tiraient maintenant à droite et à gauche sur les malheureux vaincus. Ils arrêtaient tout, hommes, bêtes et choses. Des dénonciations, des forfanteries, des trahisons, des désaveux, des lâchetés et des cruautés, voilà les caractères distinctifs de l'homme, non instruit, non éclairé par la raison, blanc ou rouge, noir ou jaune!

Dans une rue adjacente à la rue Rambuteau, pas loin de la place Royale, j'ai rencontré une tapissière remplie de morts et de blessés, dont les têtes pendaient en dehors et au bas de la benne; on eût dit des veaux venant de la boucherie. Cet aspect me glaça d'effroi. Je fus forcé de m'appuyer contre la borne d'une barricade, pour ne pas m'affaisser sur moi-même. Ce qui m'indigna le plus, ce fut de voir le cocher en blouse, probablement un insurgé retourné, *fumant un cigare.*

Dans la même rue et à l'instant même où passait ce tombereau, une compagnie de la garde nationale buvait, criait, riait et chantait dans une boutique de marchand de vin, qui distribuait son vin gratis, et qui, probablement la veille, en avait distribué autant aux insurgés.

Trois jours de guerre civile éteignent dans les hommes tous les sentiments du cœur et en font de véritables brutes.

Dans les grandes insurrections, chaque jour a son événement qui est dans la bouche de tout le monde.

Le vendredi, il n'était question que de M. Leclerc.

Le samedi, on ne parlait que de l'assassinat du général Bréa. Encore une suite de l'abolition de la peine de mort en matière publique.

Enfin le troisième jour, le martyre de l'archevêque de Paris éclipsa tous les drames des jours passés.

Le lundi, tout Paris se rendait sur le champ du combat fratricide, comme si deux peuples inconnus venaient de se livrer bataille. On était content, gai même, comme si les vaincus eussent été des Patagons. Dans ce moment j'eusse voulu être parmi les vaincus.

Voilà les hommes!!!

Que Dieu vous en garde, lecteur!

XXXIV

Quelques jours après ces événements, un grand écrivain, Chateaubriand, quitta la terre pour toujours.

Il avait encore entendu les coups de canon de juin.

« Et dire, s'écria-t-il, que ce ne seront pas les derniers. »

Quelques critiques ont fait l'observation que Chateaubriand était mort mal à propos. Erreur! Quitter la terre pendant un tel spectacle, cela doit être moins douloureux pour un esprit qui aime la justice.

Quand il faut abandonner une maîtresse chérie, c'est une consolation de lui découvrir un défaut de plus au moment du départ!

XXXV

M. THIERS

Chose digne de remarque, ce sont précisément les hommes niant le principe qui mettent toute leur foi dans la force de l'individu, tandis que les hommes niant la force s'attachent toujours à un principe et deviennent des hommes de caractère.

Il faut en conclure que la faiblesse des hommes consiste uniquement dans la foi à leur force, de même que la sottise d'un sot consiste en ce qu'il se croit de l'esprit.

On ne se rappelle probablement pas que M. Thiers a voté contre la dictature du général Cavaignac. Grâce à sa quintuple élection, M. Thiers se croyait appelé à être lui-même ce dictateur. Malheureusement pour lui, il n'était pas général.

Forcé de céder à l'impulsion du moment, M. Thiers ne rendit pourtant pas les armes; il fonda la rue de Poitiers, où, sous ses auspices, se réunirent tous les représentants légitimistes et orléanistes. Maître de la majorité, il offrit, sous certaines conditions, la paix à Cavaignac et à Marrast.

Si M. Thiers, au lieu d'être un tatillon ambitieux, eût été un homme d'État, sacrifiant sa personnalité au bien de la patrie, voici le langage qu'il aurait tenu à la majorité de l'Assemblée :

« Voilà pour la quatrième fois que la garde nationale sauve l'ordre social et ceux qui s'improvisent gouvernement! Inutile d'énumérer les sacrifices immenses que cette trêve — car ce n'est encore qu'une trêve — coûte au peuple, surtout à Paris. Nous sommes vainqueurs; le serons-nous toujours? Et puis, que faire de notre victoire? Suffit-il de combattre l'anarchie, qui n'est que l'expression de la force brutale, avec les baïonnettes, sans arracher la racine du mal : le principe? Or, on ne combat le principe du mal que par le principe du vrai, on ne vainc l'erreur que par la glorification de la vérité, on ne se rend maître de la violence que par l'intronisation de la justice. Il s'agit donc, avant tout, de rentrer dans la légalité et de rendre à César, au peuple souverain, ce qui lui appartient.

« Consultons-le tout d'abord, demandons-lui s'il veut la république ou la monarchie. Nous n'avons pas le droit de lui imposer une forme gouvernementale, eussions-nous cent fois la conviction que la république vaut mieux pour lui que la monarchie. On n'a pas le droit de rendre un homme heureux malgré lui, en violentant sa conscience. Seulement, si le peuple vote pour la monarchie, *c'est à nous, ses représentants, de faire la constitution.* Quand nous aurons proclamé la séparation complète de l'Église et de l'État; quand nous nous serons réservé le droit de guerre et de paix, celui de conclure des traités d'alliance et de commerce; quand la presse libre ne sera jugée que par le jury; quand l'enseignement sera obligatoire et gratuit, l'hérédité du pouvoir, loin d'être un obstacle à la liberté, n'en sera que le palladium. Les socialistes sont vaincus pour le moment; mais ce serait une grande erreur de croire que le socialisme le soit. Ce sont là des questions que la raison seule peut résoudre. Quand nous aurons rétabli un ordre légal, nous discuterons à notre aise l'hérédité de la fortune, l'impôt progressif, l'impôt sur le revenu, le droit au travail, les invalides civils. Dans ce moment, ces questions ne sauraient être résolues sans dégénérer en guerre civile. Un morceau de pain bis peut tuer un malade ou un convalescent . il donne vigueur et gaieté à un homme bien portant. Si le peuple vote la *monarchie constitutionnelle*, car toute autre monarchie est un crime de lèse-souveraineté, peu importe le nom du monarque, qu'il s'appelle Chambord, Joinville ou Bonaparte, ce n'est pas lui qui gouvernera; nous ne lui accorderons même pas le droit de grâce. Que si le peuple, comme je l'espère, d'ici à un mois, éclairé par la presse et par la parole des orateurs, se prononce directement pour la forme républicaine, je défie un prétendant quelconque de se présenter en qualité de candidat présidentiel. Tous ceux qui, dans ce moment, votent pour un prétendant croient exprimer un blâme contre l'usurpation du peuple de Paris, qui a imposé la république à la France sans la consulter. Mais mettez le peuple à même de se prononcer en connaissance de cause, en toute liberté, et il y réfléchira à deux fois, plutôt que de voter pour la monarchie. En tout cas, il n'y a pour nous qu'une voie pour rentrer dans la légalité et pour fonder l'ordre sur la justice et la liberté, c'est de consulter le peuple, notre souverain, sauf à garantir, au risque de notre vie, l'ordre matériel. »

Nul doute qu'une proposition dans ce genre n'eût obtenu gain de cause; elle aurait même été votée en grande partie par les républicains indépendants.

Mais M. Thiers n'a jamais agi que sous l'influence de sa vanité personnelle. Le principe est lettre close pour son esprit étroit : il n'y entre pas. M. Thiers aspirait d'ailleurs lui-même à la présidence de la République, escamotée ou imposée. On ne m'accusera pas d'aimer Proudhon; je le considère comme le mauvais génie de la démocratie, comme un sophiste de la pire espèce. Il est d'ailleurs si faible dans ses argumentations, que chaque page de ses livres est une réfutation écrite de celle qui précède ou de celle qui suit.

Eh bien, M. Thiers, dans sa discussion contre Proudhon, a été d'une faiblesse insigne.

Proudhon n'avait qu'à lui dire : « De quel droit, M. Thiers, avez-vous détrôné Charles X pour mettre Louis-Philippe à sa place? En vertu du droit révolutionnaire? Alors de quel droit venez-vous me défendre de faire détrôner Rothschild par la même voie, et de me faire nommer à sa place par deux cent dix-neuf députés du peuple? Mais ni l'un ni l'autre n'ont jamais cru à un autre principe qu'à celui qui cadrait pour le moment dans le jeu de leur ambition.

M. Thiers, ai-je dit, a songé pendant quelque temps à la présidence de la République, grâce à la majorité de l'Assemblée. Je me rappelle, de ce temps, une audience d'un quart d'heure que j'ai eue dans son hôtel de la place Saint-Georges.

Il m'accueillit d'abord assez froidement; je lui parlai socialisme avec mon accent alsacien qui parut le surprendre. Au bout de quinze minutes, je me levai en disant : « M. Thiers, je ne veux pas abuser de vos moments précieux, je reviendrai quand vous serez Président de la République. Je tâcherai alors d'avoir plus d'esprit.

— Comment donc! me dit-il tout souriant, mais vous en avez beaucoup, et vous n'avez plus besoin d'en donner des preuves. Revenez me voir; nous causerons de tout cela.

J'ai dû toutes ces amabilités à un seul mot : « Quand vous serez Président de la République. »

Quoi qu'il en fût, M. Thiers soutenait momentanément le général Cavaignac, et loin de songer à un appel au peuple, il fit suspendre la *Gazette*, qui demandait à cor et à cri cet appel, bien que la France consultée librement n'eût jamais acclamé le comte de Chambord.

La *Presse* fut également suspendue ; mais comme rien ne fut fait, ni dans un sens ni dans un autre, car l'essence de la médiocrité, c'est de se balancer sur le trapèze de la politique, comme une perruche sur son bâton, en répétant toujours les mêmes cris sans rien faire, le peuple, après avoir acquis la certitude que la victoire de Juin resterait stérile, après avoir vu Proudhon dans l'Assemblée même et Ledru-Rollin au Châtelet lever tous deux de nouveau, et avec une hardiesse croissante, le drapeau du socialisme, revint, et avec une véritable rage, sur le nom de Louis Bonaparte.

Pour le coup, comme le disait M. de Lamartine, ce nom sortait comme un magicien de toutes les urnes électorales, et, cette fois-ci, armé de pied en cap !

XXXVI

LES PARTIS

On a souvent demandé d'où vient, en France, ce grand nombre de partis, avec mille nuances, le lendemain d'une révolution ? Car il ne faut pas croire que c'est la faute des prétendants. Ils en sont les prétextes, nullement la cause.

En voici la raison :

Il n'y a, à vrai dire, que deux partis politiques dans tous les pays : l'un, qui croit à un principe, à une justice suprême, sous le nom de Dieu ; l'autre, qui se croit Dieu lui-même. Ce dernier parti se subdivise à l'infini : car le surnaturalisme et l'athéisme aboutissent absolument aux mêmes fins. Croire tout ou ne rien croire, c'est tout un. Le chrétien qui admet que Dieu puisse pardonner des crimes, ou l'athée qui nie Dieu et la justice divine, se permettent absolument les mêmes violations du droit et de la justice ; l'un se moquera d'un serment, l'autre se fera absoudre. De là vient qu'en France, où tout le monde est ou chrétien ou athée, il y a autant de partis qu'il y a d'hommes importants et importuns. Tout homme, niant le principe divin et la justice en elle-même, c'est-à-dire le devoir sans droit, ou tout homme qui espère que ce principe de justice peut, par une grâce divine, être suspendu ou détrôné, est un despote ou va le devenir, dès qu'il touche au pouvoir. Pour être juste, il faut avoir la conviction que la justice, dût-on lui sacrifier fortune, vie et honneur, conduit au bonheur, non pas au ciel, mais icibas. Pour être juste, il faut encore avoir foi dans la solidarité des êtres, et ne pas croire à la destruction de l'être par la mort.

Pourquoi MM. Lamartine, Thiers, Cavaignac, Ledru-Rollin, formèrent-ils quatre partis différents? Il n'y a que des nuances entre les opinions politiques de ces quatre personnages. Il n'y a pas, non plus, une différence marquée entre Proudhon, Louis Blanc, Blanqui, Caussidière et autres champions de la démocratie; mais comme chacun se croit un dieu-homme, car tout athée se met à la place de Dieu, car tout chrétien se croit prédestiné, comblé de grâces particulières, chacun se crée un système à part, un code à part, dont il se proclame le révélateur et le despote. Et il trouve toujours des demi et des quarts de dieu, vulgairement appelés *sots*, qui s'en proclament les prophètes, sauf à détrôner le Dieu solo, dès que l'occasion se présente.

Dans aucun pays, d'ailleurs, la presse n'exalte le talent de la parole et de la plume comme en France. Il ne suffit ni en Allemagne, ni en Angleterre, d'avoir rimé un drame, ou copié le *Moniteur*, en guise d'histoire, pour devenir un grand homme; encore moins estime-t-on, autant qu'en France, la pure forme de la parole, sans raison et sans pensée, si élégante qu'elle soit. « Les Français s'amusent de la parole, a dit Montaigne, comme les enfants des osselets. » Jamais en Angleterre M. Guizot n'eût passé pour un grand homme d'État, ni M. Thiers pour un grand historien. Jamais poète allemand n'arrivera à la gloire, si son caractère n'est pas à la hauteur de ses principes, si par sa vie il donne un démenti continuel à ses écrits. Il ne suffit pas de bien parler, ni même de bien écrire, pour être digne de commander. C'est le cas de s'écrier, avec Plutarque : « Mortel, si tu es réellement grand, courbe-toi, afin que les autres atteignent à ta hauteur! » On n'a du talent que pour l'employer au bien d'autrui.

Ceci dit, la situation, embrouillée après les événements de Juin, devint une véritable comédie.

On commença par faire l'enquête sur .toutes les journées révolutionnaires depuis février, et l'on décréta l'arrestation de Louis Blanc et de Caussidière. Qu'ont-ils fait? Ils ont voulu être les plus forts! Mais l'Assemblée nationale n'a eu le pouvoir que grâce au 24 février! Mais Louis-Philippe devait son pouvoir à un autre 24 février, appelé le 29 juillet 1830! *Quand donc la France, en pleine paix et sans pouvoir imposé, a-t-elle été librement consultée sur la forme de son gouvernement ?* Quel est le but du pouvoir? Maintenir l'ordre. Qu'est-ce que maintenir l'ordre ? Empêcher le mal de triompher sur le bien. Cela se fait-il avec la liberté seule, sans justice? Le Gouvernement provisoire n'a-t-il pas donné la liberté pleine et entière ?

Y eut-il jamais quelque part plus de liberté ? Qu'en est-il résulté? Les journées de mars, d'avril, de mai et de juin!

Comment le mal peut-il être vaincu?

Dira-t-on par la force?

Mais la force de l'homme a des retours de défaillance.

Force contre force, le bien en minorité sera tôt ou tard vaincu par le mal en majorité.

Heureusement il est une loi divine, que l'homme la nie ou non. Celle-là ne compte ni les bras ni les bataillons.

Quand le bien triomphe, c'est qu'il représente la justice de Dieu.

Et même le mal, triomphant par moments, représente sa justice.

Pour gouverner, il faut donc avant tout agir au

nom d'un principe de justice abstrait. Et ce principe, pour être divin, non seulement doit résister au mal, mais encore montrer l'idéal de la liberté, qu'on ne saurait maintenir qu'à force de vertu, d'abnégation, de devoir, et qui est absolument stérile, à moins que les hommes ne commencent par faire chacun son devoir, aux dépens de leurs personnes et de leurs intérêts, afin que, par ce devoir accompli, le prochain jouisse de son droit et de sa liberté.

Si donc l'on avait condamné MM. Louis Blanc et Caussidière au nom de la justice abstraite, au-dessus du succès ou de l'insuccès des événements, il aurait fallu, en même temps, mettre en accusation MM. Thiers, Ledru-Rollin, Guizot, Marrast, Bugeaud, Barrot et jusqu'au placide Chambolle. Ils étaient pour le moins aussi coupables que MM. Blanc et Caussidière.

Ou bien, en prenant M. Thiers et ses semblables pour des hommes d'ordre, il fallait laisser là toute accusation et dire à MM. Blanc et Caussidière :

« Vous êtes vaincus, tenez-vous tranquilles, et à charge de revanche ! »

XXXVII

LA CONSTITUTION — RÉÉLECTION DU PRINCE

La Constitution fut enfin présentée *sous l'état de siège*.

Supposez une société de nègres et d'hommes cuivrés faisant une constitution.

Forcément le premier chapitre sera ainsi conçu :

« Le noir, c'est le beau.

« Il n'y a rien de plus laid que le blanc. »

Ceci admis, il serait permis de discuter pour savoir si la nuance cuivrée n'est pas préférable au noir jais; mais le principe du blanc admis comme laideur, cette discussion serait sans grande valeur. Il suffirait d'ajouter que si les blancs voulaient jouir des bienfaits de la constitution, ils seraient forcés de se noircir la figure, à moins qu'ils ne préférassent l'exil ou la guerre civile.

Les légitimistes et les orléanistes furent de bons sauvages. Ils se noircirent la conscience de noir révolutionnaire.

Voyons toutefois le préambule de la constitution :

« La France, en se constituant en république, s'est proposé pour but de *conserver* dans le monde l'*initiative* du progrès de la civilisation. »

Le mot *conserver* signifie que la chose a existé.

Comment! Serait-ce par quatorze siècles de monarchie chrétienne?

A quoi bon alors une république?

C'est comme si l'on disait : « Les noirs se proposent de *conserver* la blancheur de la peau. »

Elle poursuit :

« *D'assurer* une répartition de plus en plus équi-
« table des charges et des *avantages* de la société
« entre les citoyens et de les faire parvenir *tous* sans
« *nouvelle commotion*, par l'action successive et cons-
« tante des institutions et des lois à un degré tou-
« jours plus élevé de moralité, de lumières et de
« *bien-être*. »

De devoir, pas un mot!

Autant promettre du talent, de l'esprit, de la santé, de l'esprit d'ordre à tous les Français sans distinction, le tout en vertu d'une constitution.

D'ailleurs, ces graves questions ne furent pas même discutées. M. Marrast aurait pu promettre du beau temps, de la beauté et dix mille livres de rentes à tout Français, on aurait passé outre.

Mais quand vinrent les questions des deux chambres ou d'une chambre seule, du président élu, ou bien encore le système du non-président, alors chaque dieu vota pour son *moi* et pour sa religion à lui.

Ces questions pourtant furent sujettes aux fluctua-tions des événements. M. Thiers, se croyant maître de la majorité de l'Assemblée, aurait peut-être voté pour l'élection du président par l'Assemblée. M. le général Cavaignac penchait pour le même système. M. de Lamartine, dans son journal, se prononça, quoique indirectement, pour l'élection du président par le peuple. M. de Girardin, qui n'était point repré-sentant et qui ne comptait plus sur le peuple, proposa de gouverner sans président aucun. La Montagne faisait des propositions, dans le but de constituer une nouvelle *Convention*, qui les aurait fait tous guil-lotiner. A la fin, jaloux les uns des autres, on se serait peut-être accordé comme les Égyptiens à prendre un Ibis quelconque, — car c'est ainsi que les hommes sont arrivés à l'idolâtrie des bêtes, — lorsque l'élection quintuple de Louis-Napoléon Bonaparte tomba comme une bombe au milieu de ce chaos constituant.

A ce nom sorti le premier à Paris de l'urne électorale, sorti quatre fois de suite en province, les dieux se regardèrent tout ébahis. Le peuple, ce dieu des dieux, venait pour la seconde fois de lancer son *quos ego* au milieu des discussions de nains. Il était impossible de ne pas respecter sa volonté.

Ce vote voulait dire aux républicains : « Vous avez manqué à tous vos devoirs, d'abord en proclamant la république sans nous consulter, puis en violant par la force l'Assemblée élue par nous; voici l'homme que nous vous envoyons et qui vous croquera tous. »

MM. Lamartine et Ledru-Rollin avaient beau se réconcilier; M. Marrast avait beau tendre la main à M. Thiers; la Constitution avait beau mettre l'Assemblée au-dessus du président et décréter que le président, après trois années de pouvoir, *ne pouvait pas être réélu;* on eut beau supprimer un sénat et n'admettre qu'une seule assemblée à côté du pouvoir exécutif. Tout fut en vain!

Toutes ces mesures de prévision devaient tôt ou tard tourner contre leurs auteurs mêmes.

La logique est plus forte que les hommes, car elle ne se laisse jamais détourner ni surprendre. La loi divine n'est divine que parce qu'elle ne change jamais; que parce qu'elle n'admet ni miracle ni pardon; que parce qu'elle repose sur une base mathématique et que l'effet naturel jaillit de sa cause, aussi sûrement que deux et deux font quatre.

Quiconque ici bas manque à son devoir perd sûrement ses droits. Le poëte et l'historien énoncent cette vérité avec de l'encre;

Les peuples l'inscrivent avec du sang dans leur histoire !

Les républicains ayant manqué à leurs devoirs sans se corriger, nulle puissance n'eût pu les sauver ; et c'est le peuple même qui leur a envoyé le châtiment !

La rue de Poitiers n'avait pas de candidat. M. Thiers, voyant sa cause perdue, finit par se prononcer pour le prince, en haine de la république. La *Presse* de Girardin travaillait à la sueur de son front pour l'élection du prince, en haine du général Cavaignac. Le parti de la *Gazette de France* vota pour le prince, en haine de la rue de Poitiers, espérant que la Constituante serait forcée de se dissoudre. Enfin, une bonne partie des socialistes votèrent pour le prince, en haine des vainqueurs de Juin.

La Constitution fut bâclée en peu de jours et proclamée le 10 novembre, par un temps affreux.

Un mois plus tard, Louis-Napoléon Bonaparte fut élu Président de la République à une immense majorité.

Il prêta un serment solennel à la République, jurant de la maintenir au risque de sa vie.

Comme si un serment avait la moindre valeur dans un pays dont les représentants de la religion sont tous prêts à absoudre ceux qui les violent. L'archevêque ou le pape, en donnant au parjure l'absolution, a l'air de dire : « Ne recommence pas, je serais forcé de t'absoudre encore. »

Avec l'élection du prince, la République était mourante. Elle était morte !

XXXVIII

LA DÉMOCRATIE DU DIX-NEUVIÈME SIÈCLE. — CAUSES
MORALES DE SES DÉFAITES MATÉRIELLES

A considérer les vainqueurs et les vaincus, en exa-
minant leurs forces respectives, on se demande d'où
viennent les défaites consécutives de la démocratie du
XIX° siècle ; d'où vient que ses victoires mêmes sont
restées stériles, et que ses meilleures intentions ont
été frappées d'impuissance ? Ses représentants vaincus
valent pour le moins les coryphées du parti vainqueur. Ils valent mieux.

J'ai connu personnellement les chefs du parti démocratique sous Louis-Philippe et pendant les premiers
mois de la République : ce sont, à de très rares exceptions près, de grands et de nobles cœurs, capables de
tous les dévouements, de tous les sacrifices. Ils n'é-
taient pas non plus écrasés par le nombre. Ils étaient
quarante mille derrière les barricades de Juin. Ils
étaient jeunes, les vainqueurs étaient vieux. Où donc
est la cause de tous ces triomphes d'un côté, de toutes
ces défaites de l'autre, pendant les journées du 16 avril,
du 15 mai, du 23 juin, du 10 décembre 1848 et du 2 décembre 1851 ?

C'est que la démocratie du dix-neuvième siècle
manque essentiellement du point d'appui moral, de
levier spirituel. En d'autres termes, elle n'a pas de
principe métaphysique, l'axe, le centre, le foyer de

mille et mille rayons, qui seul sert de point de départ et de repère à toute action humaine, qui seul double, triple, centuple toutes les forces qui y convergent, qui seul enfin donne, à la vérité même, la lumière et la chaleur nécessaires pour triompher de tous les obstacles, de tous les ennemis.

Cela a l'air d'un paradoxe. Eh bien, quelques lignes d'explications suffiront, pour prouver que c'est presque une vérité banale, à la portée de toutes les intelligences, et qu'il faut être de la race des taupes pour ne pas la voir.

Que dirait-on d'un homme qui, ayant un ennemi mortel pourvu d'un fil à percussion, et qui, ayant à sa disposition un chassepot, le jette de gaieté de cœur, sous prétexte, qu'il a horreur de toute arme à feu et s'en va à la guerre une gaule à la main?

C'est ce que fait la démocratie du dix-neuvième siècle contre ses ennemis : juifs, catholiques et protestants.

Ces vieux réactionnaires ont une vieille arme rouillée, arme spirituelle, qui leur sert de bélier pour attaquer et de rempart pour se défendre !

Cela n'est pas très fort ; cela menace ruine de tous côtés. Le cœur en est vermoulu. Les parois s'émiettent, les hauteurs moisissent. Mais tel quel, cela fait feu ! Car à côté de mille erreurs, il s'y trouve une vérité fondamentale, un principe centralisateur et conservateur.

Rien de plus facile que de mettre à la raison les détenteurs de ces armes. On n'a qu'à les leur arracher des mains, les *chassepoter* et s'en servir contre eux.

C'est ce qu'a fait la démocratie du seizième, du dix-septième et du dix-huitième siècle.

« En vertu de quel principe, de quel droit, de quelle vérité êtes-vous nos maîtres ? »

Voilà la première question que la démocratie des

temps passés a adressée aux aristocrates, aux nobles et aux prêtres de la monarchie absolue.

Ceux-ci de répondre : « Si nous sommes vos maîtres, ce n'est pas notre faute, c'est Dieu, notre maître à tous, qui l'a voulu ainsi. C'est lui qui a tout fait. »

Chose digne de remarque. Jamais tyran, si pervers qu'il fût, n'a osé dire qu'il régnait en vertu du droit du plus fort. C'eût été sa condamnation. Car, si forts que soient les forts, les faibles n'ont qu'à se réunir pour être plus forts qu'eux.

Il ne s'exerce pas un droit matériel quelconque, dans la vie humaine, sans allégation d'une raison spirituelle. Le lion, tout en arguant de sa force, a l'air de dire : « Dieu m'a ainsi fait. Il m'a fait lion. Pourquoi vous a-t-il faits moutons, sinon pour être croqués ? »

« Si nous sommes les maîtres, ont dit, pendant des siècles, les tyrans chrétiens, ce n'est pas notre faute. Dieu, dont les desseins sont impénétrables, l'a voulu ainsi. Il a créé des forts pour commander et des faibles pour obéir. Il nous a accordé ses grâces, qu'il vous a refusées. C'est un créateur puissant, mais capricieux ; omniscient, mais arbitraire. Il fait ce que bon lui semble. Certes, tout n'est pas juste sur la terre, il n'y a qu'heur et malheur, mais nous n'y pouvons rien. Dans sa haute toute-puissance et toute sagesse il a créé une race d'élus — les nobles et les prêtres — et une autre race de réprouvés — les manants, — comme il a créé des blancs et des noirs. D'ailleurs, il sait lui-même qu'il aurait pu faire mieux. Et il est décidé à réparer les injustices de la vie terrestre dans une autre vie, soit au ciel, soit dans les environs alentour. Il est si gracieux et si bon que, tout en récompensant la vertu vaincue, il ne punit pas toujours le vice triomphant. Il pardonne, il peut pardonner. Il peut tout. Maître de ses lois, il les viole quand bon lui semble, ou les suspend quand cela lui fait plaisir. Il a même ses ambassadeurs sur la terre, chargés de lier et de délier en son nom ; ce sont les prêtres, dont il reçoit les rapports officiels et officieux. Il est rare qu'il ne confirme pas les décisions de ses mandataires, même quand ils ne les approuve pas. »

C'est faux ! c'est absurde ! c'est ridicule ! Mais, qu'auraient pu faire ces manants, ces serfs, ces réprouvés, ces victimes de la plus odieuse iniquité, s'ils avaient répondu à leurs oppresseurs à peu près ceci :

« Vous dites que vous régnez par la grâce de Dieu ! farceurs ! Il n'y en a pas ! Il n'y en a jamais eu ! »

« C'est bien, auraient répliqué les maîtres. Vous avez raison. Il n'y a, en effet, pas de Dieu ! Il n'y a rien nulle part. Il n'y a que la matière, la force de la matière. Eh bien ! dans ce moment, nous représentons cette force et cette matière. Et comme il n'y a ni justice, ni droit, ni devoir, ni vertu, nous vous traiterons comme il nous plaira. Nous sommes les plus forts. Nous vous défendons donc, sous peine de prison, de torture et de mort, non seulement de parler contre nous, mais même de penser contre nous. Vous pratiquerez notre religion, en vertu de laquelle nous dominons. Vous prendrez les armes pour nous défendre, nous, vos maîtres, ou nous vous ferons fusiller et écarteler. Tâchez d'être les plus forts, à votre tour ! Quand vous le serez, vous nous traiterez de même. En attendant, silence, obéissance ou la mort !!! »

Qu'est-ce que feront les chefs des manants ? Ils iront chercher le peuple, la grande masse opprimée comme eux. Qu'est-ce qu'ils leur diront ? « Aux armes ! réunissez-vous ! affranchissez-vous ! C'est vous qui êtes les maîtres ! Vos maîtres ne sont que vos esclaves ! »

Bien ! mais puisqu'il n'y a pas de Dieu, puisqu'il n'y a rien, ni pendant la vie ni après, pourquoi irai-je, moi, manant, me faire tuer pour dominer les autres, ou pour vous faire régner ? Mieux vaut mille fois me soumettre et me taire ! Du moins j'aurai la vie sauve.

Il faudra travailler raide, il faudra subir mainte injustice. D'accord! Mais, si je meurs pour ma liberté, qu'est-ce qui m'en reste? La liberté des autres? Est-ce que cela me regarde? Puisqu'il n'y a rien, puisqu'il n'y a que la matière, où est le lien qui me lie à un autre? Qu'ai-je de commun, moi blond, grand et fort, avec ce petit brun, bancal et bigle? Que m'importe ce parpaillot, ce juif, ce turc? Je n'ai aucun devoir à remplir envers eux. La matière les a faits d'après sa façon. Elle m'a fait autrement, je ne connais qu'un devoir. Je suis un être vivant, il faut donc que je vive, et le plus longtemps possible? Si vous vous sentez assez forts pour renverser vos tyrans, libre à vous, je ne vous en empêcherai pas. Mais ce n'est pas moi qui risquerai un cheveu pour vous! Encore moins ma fortune et ma vie! »

Heureusement, la démocratie des siècles passés ne s'est pas exposée à ce déclinatoire populaire.

Voici ce qu'elle a dit aux maîtres, à la face du peuple et de l'univers :

« Ce Dieu que vous invoquez en faveur de vos injustes privilèges et pour pallier votre odieuse tyrannie, vous le calomniez, vous le défigurez; vous lui attribuez, mais à tort, vos erreurs, vos sottises, vos crimes et vos iniquités!

« Pour le connaître il faut étudier les lois de la nature qu'il a créées. C'est à l'œuvre que l'on reconnaît l'ouvrier. Loin d'être capricieux, arbitraire, injuste, ses lois sont justes, invariables, immuables, logiques, éternelles. Elles se ressemblent partout. Toutes les forces de la nature n'obéissent qu'à une seule et même loi. Partout, toute cause produit son effet. Jamais miracle n'a détaché un effet de sa cause. Jamais volonté suprême n'a pardonné un crime. Oui, Dieu est juste. Il a créé les êtres les uns pour les autres, mais tous sont égaux devant lui. Il a donné à tous la force d'exister et de travailler afin de vivre les uns pour les

autres. Il n'a rien créé pour soi, pas même l'homme.
Lui-même n'existe pas pour lui. L'homme certainement est son œuvre capitale, car de tous les êtres
créés, seul l'homme est libre. Lui seul est le maître
de sa destinée, par sa libre option entre le bien et le
mal. C'est précisément parce que toutes les lois de la
nature sont immuables que la liberté de l'homme est
la force motrice de toute l'humanité. Si Dieu chan-
geait, s'il eût jamais changé une de ces lois, si seulement, par un petit miracle, il en avait suspendu une,
pour détruire un effet au jaillissement de la cause, la
liberté de l'homme ne servirait à rien. A quoi bon
faire le bien, être vertueux, se priver d'un plaisir, fût-
ce par le crime le plus odieux, puisque l'effet cala-
miteux, sortant d'une cause inique, peut en être détaché et détourné? A quoi bon être vaillant, risquer sa
vie pour quoi que ce soit, puisqu'il n'y a rien de fixe,
d'éternel, de souverainement vrai pour tous les temps!

« Cela n'est pas. La loi est mathématiquement inva-
riable. Elle l'a toujours été. Il n'y a jamais eu ni miracle ni pardon. Tout mal a été expié. Tout crime
a été vengé. Toute vertu, tout devoir a porté son fruit,
a grandi, ennobli l'homme qui librement l'a tous
exercé. En vertu de ces mêmes lois éternelles, les
êtres sont solidaires. Le bien de l'un rejaillit sur
l'autre. Le mal fait par n'importe qui tombe sur quelqu'un. Vous ne le croyez pas. Étudiez la nature, qui
est le reflet de son ouvrier, plus que cela, sa loi
vivante. Vous y verrez une solidarité étroite entre
tous les êtres, depuis le grain de sable jusqu'à l'astre,
depuis le ciron jusqu'à l'homme de génie. Non seulement le mal de l'un se répand sur l'autre, mais tous
n'existent que par le même bien.

« L'homme, maître de toute la nature, ne l'est que
quand il remplit ses devoirs envers elle. S'il veut que
la terre le nourrisse, il faut qu'il la cultive. Autrement la peste, sortant des marécages et des forêts

vierges, l'enlèvera, le tuera partout, même là où il a cultivé sa part. S'il veut que les animaux le servent, il faut qu'il les apprivoise, qu'il leur donne, pour ainsi dire, de l'instruction, et qu'il accomplisse ses devoirs envers eux. Il en est de même entre hommes et hommes. Si les plus forts, les plus intelligents, les plus dévoués veulent que les moins forts, les moins intelligents ne les dévorent pas, il faut non seulement les éclairer par l'instruction, mais avant tout accomplir tous les devoirs envers eux. Car le fort n'est pas fort pour exploiter le faible, mais pour le suppléer, pour le compléter, afin de le rendre heureux, autant que possible.

« En vertu donc de ces éternelles lois créées par Dieu, il n'y a ni maître, ni esclave, ni privilégié, ni déshérité, ni supérieur, ni subalterne. Il y a des forces organisées, hiérarchisées, différentes en qualité, aboutissant à la même harmonie. Vous êtes de la même essence que nous, fussiez-vous tous des hommes de génie. Nous sommes tous égaux devant Dieu, c'est-à-dire dans l'origine de notre existence. Si vous êtes plus grand, tant pis! Courbez-vous, afin que nous puissions atteindre à votre hauteur, la comprendre et l'admirer même. C'est votre premier devoir. Si vous êtes plus forts, employez ces forces pour nous autres faibles. Vous ne les avez, Dieu ne vous les a octroyées que dans ce but. Cette humilité, ce dévouement fera votre grandeur et votre bonheur. Vous mourrez plus grands que vous ne naquîtes! Et, puisque rien ne meurt, puisque tout est justice dans la loi, puisque tout est admirablement harmonieux, il est impossible que par votre bien librement fait, que par vos sacrifices et vos vertus, vous ne renaissiez encore plus libres, plus vertueux, plus divins, plus immortels! »

Puis, se tournant vers le peuple, cette même démocratie lui a tenu le langage suivant :

« En vertu des lois de ce même Dieu qui vibre

dans vos poitrines, vous êtes non seulement les égaux de vos maîtres par vos devoirs, mais encore vous êtes tous solidaires. Tous, vous ne faites qu'un seul être humain, qu'une seule humanité! Si chacun de vous avait le droit de vivre pour lui seul, ce que la brute même ne fait pas, il vous serait permis de vous courber sous le joug, si inique qu'il fût. Mais dans cette vie il ne suffit pas de faire le bien, ni même d'être juste. Il ne faut pas, dût-on perdre fortune et vie, permettre qu'une injustice soit faite à un de vos frères, où qu'il soit, car tout être humain est votre frère! La mort n'est rien pour un homme qui meurt grand. Il est immortel, comme la loi qui l'a créé! Et puisqu'il faut toujours mourir, mieux vaut mourir libre et grand, que vivre esclave et petit : car l'on renaît tel que l'on meurt.

« Notre premier devoir est d'employer la raison, d'expliquer à nos maîtres la vraie loi de Dieu, afin de les rendre meilleurs et plus justes, par conséquent plus heureux. Mais s'ils persistent à maintenir leurs iniques privilèges, au nom d'un dieu faux et irrationnel, contraire à ses propres lois; si, pour nous rendre à merci, ils n'emploient que la force matérielle, alors, aux armes! Alors l'insurrection est le plus saint des devoirs! Alors, il n'y aura pas de plus grande gloire que de mourir immortel pour la liberté! »

Voilà le langage de la démocratie philosophique et politique du passé, depuis Moïse jusqu'à Spinoza, depuis Descartes jusqu'à Rousseau, depuis Montaigne jusqu'à Voltaire, depuis La Boëtie jusqu'à Mirabeau. Et voilà pourquoi il y a eu une époque divine, unique dans l'histoire, qui s'appelle *Quatre-vingt-neuf*, et qui servira toujours de colonne lumineuse à tous les opprimés de la terre.

Tel n'est pas le langage de la démocratie du dix-neuvième siècle. D'abord, elle n'a pas de doctrine. Si pourtant, elle élimine l'absolu. Toute idée abstraite de

Dieu et d'immortalité est pour elle une vaine hypothèse dont elle n'a que faire. A l'entendre, elle n'a besoin d'aucune arme spirituelle ; c'est de la vieillerie ! Autant parler d'un vieux fusil à silex.

Voyons ses chassepots. Ils n'ont jamais fait merveille !

Supposons l'insurrection de juin victorieuse et la démocratie sociale de 48 au pouvoir. Supposons un instant les mesures radicales, prêchées par Proudhon et ses collatéraux, proclamées et exécutées. Plus de Dieu ! Plus de temple ! Plus de prêtres d'aucune robe ! Plus de propriété même ! Un communisme fraternel et solidaire.

Or, le communisme même exige que l'on travaille, que tout le monde travaille, chacun dans la mesure de sa force. Mais voici un communiste né paresseux — j'en ai connu — qui n'aime pas travailler. De quel droit la société lui imposera-t-elle sa loi ? C'est son devoir de travailler. — En vertu de quel mot ? — Il n'aura rien à manger. On lui refusera le pain et l'eau. En vertu de quelle loi ? De la loi du plus fort. Soit. La société communiste est plus forte qu'un individu. Mais s'il y en a cinquante, — je les ai connus, — s'il y en a cent, disant : « Nous sommes forts, et parce que nous sommes forts nous ne ferons rien. Nous jouirons de nos droits sans faire nos devoirs. Que d'autres travaillent, il nous plaît de nous promener ! » On emploiera la force ! Mais les cinquante conspireront contre leurs frères, — mais ils en trouveront mille, mais la majorité sera pour eux, en très peu de temps. « Comment ! diront-ils, nous sommes les vainqueurs, le pouvoir, les forts, et nous travaillerions comme des vaincus ! Comment ! nous les intelligents, les habiles, les fins, les spirituels, nous travaillerions comme les sots, les benets, les niais et les balourds ! En vertu de quelle idée, de quelle raison ? »

Et voilà la guerre civile en permanence !

Admettons la démocratie sans communisme, seulement avec toutes les mesures radicales prêchées, à tort et à travers, par les journaux de cette époque. Voilà un fort qui a volé. La justice s'empare de lui et le condamne. En vertu de quelle loi ? « La liberté de l'un s'arrête là où elle lèse celle d'un autre. Tu ne dois pas faire à autrui ce que tu ne voudrais pas qu'on te fît. » D'abord ce voleur peut répondre : « Qu'on me vole tant que l'on voudra, je n'ai rien. J'enlève la femme de mon prochain, qu'il m'enlève la mienne ! Mais où est-il écrit, ailleurs que dans le ciel, que la liberté de l'un s'arrête là où elle lèse celle de l'autre ? Dans la nature ? Mais cette nature m'a donné quatre fois plus de force qu'à mon frère ! Je suis jeune, il est vieux. Je suis beau, il est laid ; je suis Français, il est Allemand. Dans la société ? Mais il n'y a pas de société ! Il n'y a que des invidus créés capricieusement par la matière, au bout de six mille ans d'incubation. J'ai été singe, crocodile, crapaud. La terre, à force de me couver, à fait de moi un homme. Autant entendre dire, à une botte, j'ai été d'abord savate. Puis après avoir été enterrée pendant trois siècles, je suis sortie *bottine ;* puis encore, après une nouvelle incubation de trois mille ans, j'ai été anoblie *botte.* Je ne dois rien à personne. Ai-je demandé à la terre, quand je n'étais que singe, de me transformer en homme ? Comme singe, je n'ai pas eu de devoir à remplir. Qu'on m'y ramène ! Je ne connais que mes droits. Ils sont inhérents à ma nature. Je suis fort, je suis adroit, je suis habile, mon frère ne l'est pas. C'est un singe mal couvé. Tant pis pour lui ! Qu'il me serve ! Que si les singes-ânes s'associent contre nous, eh bien, les singes-renards s'associeront à leur tour. Nous verrons alors si l'esprit ne supplée pas à la force. »

Et voilà encore la guerre des singes en permanence !!!

Quoi d'étonnant alors que le peuple abandonne une démocratie pareille et qu'il préfère même le despotisme catholique. « On guérit, a dit Rousseau aux athées, d'une fièvre chaude, mais toute fièvre putride est mortelle ! »

Le peuple qui travaille, qui, sans pénétrer l'essence des lois de la nature, communie avec elle par son labeur, comprend d'instinct la loi éternelle de Dieu et sent vibrer dans sa poitrine la gloire de l'immortalité.

C'est si vrai, que jamais le peuple ne se soulève pour un intérêt matériel, pas même quand il est affamé. Il ne brave la mort que pour une idée, que pour un principe, si abstrait qu'il soit. Il ne se lève que lorsqu'il croit avoir *raison*, que lorsqu'il croit, non seulement de son droit, mais de son devoir, d'opposer à l'injustice, à la tyrannie, son corps et son âme!

Aucun progrès, nulle liberté n'est possible en dehors de l'idée de Dieu. Schiller a déjà dit : « Il n'y a pas d'autre justice que celle arrachée des entrailles du ciel ! »

Rien, absolument rien de bien ne s'est jamais fait ni ne se fera jamais, en dehors de l'idée de Dieu, comme qu'on l'appelle, et quel que soit le mot dont on se serve pour désigner l'origine des causes et la loi éternelle de la nature. Parce que des hommes ont exploité cette idée, et qu'ils l'ont défigurée dans leurs intérêts, ce n'est pas une raison pour la nier. Autant arracher le nez à un enfant morveux. Autant nier le feu, parce qu'il y a des incendiaires, ou le fer, parce qu'il y a des assassins !

Le démocrate du xviiie siècle était un philosophe ; celui du xixe est un littérateur, parfois un littérâtre !

Le démocrate du xviiie siècle était un penseur ; celui du xixe est un sophiste !

Le démocrate du xviiie siècle était un orateur; celui du xixe est un clubiste !

Si la démocratie, victorieuse en 48, au lieu de nous corner éternellement aux oreilles ses prétendus droits, avait songé à ses devoirs, — et nul ne fait son devoir s'il ne croit en Dieu, — voici le langage qu'elle aurait tenu au peuple, dans ses discours, dans ses journaux, dans ses placards, à la tribune, dans ses bureaux et dans la rue :

« Pour la troisième fois, la monarchie est abolie et le peuple souverain réintégré dans ses droits légitimes.

« Vous avez le suffrage universel pour faire acte de souveraineté collective. Il n'y a pas d'autre moyen gouvernemental pour une nation. Vous avez la liberté de la presse et des réunions, c'est-à-dire de la plume et de la parole, pour manifester votre raison, pour vous éclairer les uns les autres, pour rectifier les erreurs commises, pour proposer et faire adopter toutes les mesures de progrès, de bonheur, de salut public et privé.

« *Que jamais et dans aucun cas nul de vous n'ait recours à une autre arme qu'à celle de la raison, de la parole et de la plume. Ce serait un crime de lèse-souveraineté, de lèse-nation. Ce serait jouer le jeu de nos mortels ennemis.* La liberté seule est la forteresse inexpugnable de la démocratie. Sortir de cette forteresse, ce serait nous livrer, pieds et poings liés, à nos adversaires, qui ne reconnaissent que la force et qui n'ont jamais régné qu'en vertu du droit du plus fort !

« La raison, le temps, la logique, sont avec vous. Raisonnez, attendez, concluez, mais n'employez jamais la violence. Vous possédez tout ce qu'un peuple peut humainement désirer pour vivre heureux en paix, pour rentrer, par le progrès, dans tous ses droits terrestres. Vos ennemis mêmes seront vaincus par ces armes divines de justice et de paix. En très peu de temps nul d'entre eux, affranchi par vous, ne voudra retourner à ses anciens vomissements monarchiques. Ils deviendront vos soutiens, vos disciples, vos amis ! Celui de vous qui prendra les armes commettra un crime de lèse-république et méritera la mort ! Seulement, si jamais cet ennemi, que par notre justice nous avons réintégré dans tous ses droits divins et humains, était assez fou, assez téméraire pour vouloir renverser la république et établir, par la force des armes, une monarchie quelconque, alors, mais alors seulement, il est de votre droit de faire avancer vos sections organisées ; alors, mais alors seulement, il est de votre devoir de mourir plutôt les armes à la main que de vous soumettre ! »

Si la démocratie croyante et patiente avait tenu ce langage, et n'eût pas, comme des enfants, conspiré contre sa propre victoire, la république existerait encore en France, et toute l'Europe aurait suivi son exemple !

Encore si sa défaite lui eût appris quelque chose !

Quand un chrétien est vaincu, il attribue sa déconfiture à Dieu.

Quand un athée est battu, il attribue le succès de son vainqueur au hasard. Le hasard, c'est le dieu de l'athée !

Ils oublient que la force matérielle du vainqueur est toujours dans la faiblesse morale du vaincu !

L'EMPIRE EN 1869.

Ici finit mon journal. Je pourrais continuer et écrire
l'histoire du second Empire. Je pourrais, avec une certitude mathématique, prédire à la France impériale le
sort que la logique inévitable, appelée loi de Dieu, lui
prépare. Il me suffit de prier le lecteur, arrivé à la fin
de ce livre, de relire le premier chapitre, intitulé :
Louis-Philippe devant le tribunal de l'histoire. Je n'y
ajoute que quelques lignes.

Jamais coup d'État ne fut plus cruellement inutile
que celui du 2 Décembre. Jamais le despotisme, d'ailleurs, n'a détruit l'anarchie. Autant espérer que la
gelée détruise la boue. Au premier coup de soleil le
gâchis n'en est que plus profond.

Louis-Napoléon Bonaparte, librement élu Président
de la République, et qui, certes, aurait été réélu,
malgré l'Assemblée nationale, eût eu cent fois plus
de pouvoir à faire le bien, à combattre le mal,
qu'empereur absolu. Tout homme qui peut ce qu'il
veut faillit, fait du mal et se perd, fût-il un génie
de premier ordre. *Dieu n'est grand que parce qu'il*
suit toujours ses propres lois, qu'il ne viole jamais.

Déjà, à plusieurs reprises, le *gendarme de poche*,
dont j'ai parlé, à propos de Louis-Philippe, que l'on
appelle *Conscience*, a empoigné l'empereur, en lui
demandant compte de son règne et de sa conduite.
Louis-Napoléon a essayé de corrompre ce truchement
de l'âme, en exhumant une vieille erreur spécieuse

qui court la tyrannie depuis Nemrod, savoir : *l'homme n'est pas libre; il est prédestiné.* En d'autres termes, *tout est écrit là-haut.*

Ainsi, il était écrit là-haut que Louis-Napoléon Bonaparte disposerait à son gré, par le droit de guerre et de paix, de la fortune et de la vie de quarante millions de Français. Est-il venu au monde avec des éperons aux talons, un fouet ou un sceptre à la main ? Il est également écrit dans les étoiles que la liberté individuelle de quarante millions de Français, moins trois, sont à la merci du premier mouchard impérial, qui peut impunément arrêter qui bon lui semble, pour le jeter dans un infect violon, du moins pendant quelques semaines ! Cela ne se discute pas. Le despotisme, en effet, ne discute pas. Il regarde en haut, comme l'oie quand il pleut.

Mais s'il croit échapper à la loi de la justice éternelle, s'il se flatte, comme Louis-Philippe, *que sa Providence ne dérangera pas ses plans*, il est encore plus niais que coupable.

Déjà, l'*empire a reçu deux avertissements solennels.*

Aveugle qui ne les a pas vus. Sourd qui ne les a pas entendus.

Le troisième est en route.

L'empereur peut encore reconnaître qu'il n'a pas d'autre mission, d'autre droit, comme chef du pouvoir élu, que de représenter la justice sociale, pour tous les Français sans exception, sans le moindre esprit de parti et de domination, en laissant la nation se gouverner librement comme elle l'entend, en assurant à chacun sa pleine liberté d'émettre sa pensée par la parole et par la plume. A ce titre seulement le pouvoir est respectable et respecté.

S'il manque à ce devoir, *qui seul lui garantit ses droits, le troisième avertissement éclatera sur sa tête comme un coup de tonnerre, dont les roulements feront tinter toutes les oreilles humaines du monde.*

*Puis la justice divine aura inexorablement son cours.
Et tous ceux qui ont manqué à leurs devoirs perdront leurs droits sans miséricorde et sans merci.*

Je sais bien que l'on se moquera de ma prophétie. Mais ce n'est pas une prophétie. Autant pro-
phétiser qu'une pierre lancée sur un plan décliné
roulera en bas. Le prophète n'est qu'un logicien,
ayant étudié les lois éternelles de Dieu dans l'histoire des hommes, et qui fait son devoir sans reproche ni crainte.

L'AME DE L'HISTOIRE

En étudiant l'histoire des peuples, phénomène extraordinaire à l'apparence, mais logique et naturel en réalité, on voit que, de tout temps et dans tous les lieux, le progrès social ne s'est établi que là où les meilleurs, les aristocrates de la raison, s'approchant de la vérité divine, ont modelé la société humaine sur la justice idéale qu'ils ont attribuée à Dieu. Cette vérité, servant partout d'origine, de modèle, de point d'appui et de repère, la voici en quelques lignes.

Il est une loi autocréatrice, immuable, que l'on appelle Dieu, — peu d'ailleurs importe le nom, — qui fut, est et sera toujours la même.

Tout ce qui est n'existe que par cette loi. Elle n'a pas changé ni ne changera jamais. Elle n'a jamais été ni violée ni suspendue. En vertu de cette loi fixe, toute cause produit et produira toujours son effet logique, sans merci ni miséricorde. Elle n'a jamais détaché un effet de sa cause, ni par le pardon, ni par un miracle.

Grâce à l'immuabilité de cette loi créatrice et précisément parce que toute cause produit mathématiquement son effet, l'homme est libre. Il peut par l'option entre une action et une autre, entre le bien et le mal, créer librement une cause qui produira, soit un bon, soit un mauvais effet.

Nulle puissance, ni divine ni humaine, ne saurait arrêter ni transformer un effet au jaillissement de sa cause.

Mais l'option faite, l'action commise, la liberté de l'homme perd son influence. L'effet dès lors devient fatal, non d'un fatalité arbitraire, mais logique, inévitable, au point qu'on peut le prédire et l'annoncer longtemps avant qu'il devienne fait accompli (1).

Il existe entre tous les êtres de la nature, hommes, bêtes, plantes et minéraux, tous créés par la même force, par la même loi, une solidarité étroite et indissoluble ! Cette solidarité, à la fois spirituelle et matérielle, agit et réagit continuellement d'un être sur l'autre. Tout bien produit quelque part un bonheur. Tout mal engendre un malheur.

Pour que tous les êtres fussent heureux, il faudrait que tous fussent justes. Cela ne suffirait pas ; car une seule injustice commise ou permise tomberait quelque part et enfanterait une douleur. Il faudrait donc que tous pussent se réunir pour empêcher qui que ce fût de commettre une injustice. C'est là, en effet, l'idéal et le but de la civilisation, qui a partout le même point de repère. Elle est là où le fort est empêché d'empiéter sur le droit du faible, où le riche respecte et fait fructifier le travail du pauvre, partout où la femme, l'enfance et la vieillesse sont protégées, en un mot, partout où *le droit de l'un est garanti par le devoir accompli de l'autre*. Cet idéal de justice n'a jamais été atteint. Mais, toutes et quantes fois que l'humanité y aspire, elle n'en approche, fût-ce de loin, qu'en pénétrant les lois de Dieu et de la nature, et qu'en y conformant la justice des hommes.

Et si le progrès n'est apparu sur la terre qu'accidentellement, par intermittences, par lueurs, c'est que ces vérités, reconnues par quelques-uns, n'ont jamais pénétré dans la masse du peuple ; c'est que l'erreur, comme la nuit, grâce à l'ignorance, grâce à l'hypocrisie des prêtres de toutes les religions supers-

---

(1) Ce fut là la fatalité du drame grec, non pas par un caprice divin, mais après un crime irréparable accompli.

titieuses et miraculaires s'est appesantie sur les intelligences ; c'est que partout les mêmes erreurs ont inexorablement engendré les mêmes horreurs, comme partout la malpropreté fera germer des insectes, et la terre abandonnée, de l'ivraie.

De tout temps il y a eu des hommes de génie et de raison, qui, pénétrant les lois du monde, ont entrevu toutes les conséquences sociales de ces principes de vérité. Ce n'est pas un vain trope quand Isaïe s'écrie : « Qu'un jour tous les peuples, n'ayant qu'une loi et qu'une foi, vivront en paix, que la mer sera une voie de fraternité, que la brebis paîtra à côté du léopard, et que l'enfant jouera sur le nid du basilic. » Socrate ne parle pas des chemins de fer. Mais, à l'entendre, on sent bien qu'il a pressenti tous les progrès de bonheur que l'homme créera, en scrutant et en suivant la loi de la nature, qui est celle du Créateur. Tous les grands génies ont proclamé une loi autonome, une force première d'où ont jailli toutes les lois, toutes les forces. Ces lois et ces forces sont autant de rayons divergents au bout, mais convergents dans le centre, un et indivisible. Le progrès devient visible à mesure que ces vérités, autant de clartés, chassant devant elles l'erreur, l'ignorance, l'hypocrisie, l'égoïsme, envahissent les esprits et les préparent à la justice. Avec la lumière et la justice descend le bonheur sur la terre, non comme une manne céleste, mais par l'effort de l'homme d'être juste et d'empêcher l'injustice, d'où qu'elle vienne.

Le peu que nous connaissons de l'histoire de la Chine et des Indes nous prouve que la paix, la liberté et la prospérité n'ont hanté ces peuples que pendant le règne des rois philosophes, libres penseurs qui, après avoir proclamé le dieu de la raison et de la justice, ont tenté d'établir sur la terre cette même raison et cette même justice.

Cette vérité est encore plus flagrante chez les peuples dont l'histoire est parvenue à nous jusque dans ses moindres détails.

Les Juifs ne brisent leurs chaînes, trois fois séculaires, de leur esclavage, qu'au nom « d'un dieu *un et immuable*, Jehovah, c'est-à-dire l'Être qui fut, est et sera le même ; d'un dieu de justice qui n'a égard ni au puissant ni au riche, *ne pardonnant ni crime ni iniquité* ».

En vertu de ces principes, plusieurs fois répétés, Moïse a créé un code démocratique et égalitaire qui, bien que falsifié par des prêtres et des rois absolus, a toujours servi et servira toujours de modèle et de drapeau à tous les réformateurs religieux et politiques. Jamais les Juifs, même dans leur décadence, n'ont connu d'autre noblesse que celle du génie et de la vertu.

La république juive, qui a duré cinq siècles, est la première démocratie de l'histoire des peuples. Chose curieuse ! Cette république a atteint son apogée sous la présidence d'une femme qui s'appelait Deborah (Abeille). A mesure que les idées sur Dieu s'obscurcissent par les erreurs prêchées par des prêtres stipendiés, et dès que les Juifs du second temple de par la doctrine d'Esra admettent *le pardon du ciel et des sacrifices expiatoires*, la justice sociale disparaît.

Dès lors arrive en haut le despotisme, en bas l'esclavage. Plus de justice, plus d'ordre, plus de liberté, plus d'indépendance, plus de pain, plus de terre, pas même une tombe. La guerre, la peste, la famine, puis l'étranger, qui, au seul nom du droit du plus fort, pille, massacre, détruit tout, hommes, bêtes et choses, et anéantit jssqu'au nom de la nation.

Une fois l'idée première du Dieu de Moïse perdue et falsifiée, le peuple juif tombe et ne se relève plus.

Même phénomène en Grèce.

Ce peuple reste barbare aussi longtemps qu'il est réellement polythéiste.

Dans Homère déjà, il est des rois grecs qui ont une notion juste de la divinité. Eschyle s'élève aux hauteurs les plus sublimes de la raison. Dans son *Prométhée*, attaquant le despote absolu Jupiter, et Mercure, son obséquieux pontife, il proclame la loi divine immuable et l'homme libre, indépendant, responsable. Il proclame, en outre, l'égalité des humains, hommes et femmes. (Voir, pour les textes à l'appui, mon *Prométhée* dans ma *Parole Nouvelle*.) Dès lors la Grèce, abolissant la tyrannie, devient démocratique. Elle vainc la Perse, un contre mille. Elle devient la tête de la civilisation. Anaxagoras prêche ouvertement l'unité de Dieu et la liberté absolue de l'homme, niant tout arbitraire, toute fatalité divine. Il est certain qu'avec les principes d'Anaxagoras et de Socrate, l'esclavage eût été impossible, de même la guerre civile avec Sparte. Malheureusement, d'une part, les sophistes athées, niant tout, se gaussant de tout, prouvant en tout le pour et le contre ; d'autre part, l'école infâme d'Aristophane, raillant la vérité, la raison, au nom de l'ancienne religion superstitieuse, puis l'influence souveraine des peintres et des sculpteurs, tous corrupteurs de mœurs, sur Périclès, égarèrent la bourgeoisie, qui, d'ailleurs, pour conserver ses iniques privilèges, ne trouva rien de mieux que la guerre. En peu d'années, la guerre, détruisant les fruits de cinquante années de progrès, livra la Grèce à toutes les calamités du droit du plus fort. L'hypocrisie s'alliant à l'athéisme tendirent la ciguë à Socrate et les mains à la tyrannie étrangère. La masse des citoyens, sous la menace de la révolte des ilotes, laissa faire ou fit même cause commune avec les oppresseurs, et la Grèce tomba pour ne plus se relever.

Ces mêmes faits produits par les mêmes causes se répètent continuellement dans l'histoire des peuples sans que les peuples se corrigent.

Car il n'est pas vrai que le progrès progresse toujours. Il ne marche que derrière la vérité, il ne suit que la justice et la liberté. Dès que la vérité se voile, que la justice s'éclipse, le progrès, représentant la liberté dans l'ordre, la prospérité dans le travail, s'évanouit pour des années, parfois pour des siècles.

Rome, plongée dans la barbarie, eut quelques notions justes de la divinité par les philosophes grecs. Comme à Athènes, elle s'est affranchie de la tyrannie et a proclamé la république; mais jamais Rome ne s'éleva jusqu'à la vérité de la loi absolue dé la nature. Sa justice fut toujours exclusivement nationale. Son dieu fut toujours le justicier des patriciens, jamais celui du peuple. Aussi Rome n'a-t-elle jamais connu d'autre paix que celle de la servitude sous Auguste. La guerre qu'elle fit aux nations étrangères n'a jamais eu d'autre but que de maintenir les priviléges du patriciat, d'augmenter ses richesses par la victoire des armes et pour échapper à la guerre civile. Elle n'y échappa pourtant pas, car jamais Rome ne fut juste un jour, ni du temps des Gracques, ni du temps de Marius. Sur la fin de la république, la philosophie grecque a fait quelques prosélytes à Rome, mais la raison n'a jamais pénétré dans les masses et ne monta au pouvoir que pour quelques jours. Après la guerre civile de Sylla et de Marius, l'athéisme rongea Rome. *César en fut l'incarnation vivante*. Il y eut bien dans ce temps trois Romains qui avaient une idée plus juste de Dieu; Caton, Cicéron et Brutus. Ils n'eurent ni assez de génie, ni assez de force, pour codifier leur raison et la transformer en croyance populaire. N'osant pas attaquer de face le polythéisme vermoulu, et le remplacer par des dogmes de raison, ils devinrent tous trois victimes de l'athéisme, représentant la force brutale, et ce fut sur leurs cadavres qu'Auguste éleva l'édifice du despo_ tisme. Virgile et Horace eurent quelques vagues aspirations de justice divine. Ils n'étaient athées ni l'un ni l'autre, mais ils n'eurent une idée précise, ni de la loi immuable de la nature, ni de la liberté humaine.

Les penseurs et les poètes, sous Auguste, sont de véritables éclectiques. On ne peut pas servir deux maîtres, pas plus en philosophie qu'en politique. Frayant avec l'athéisme, qu'il s'appelle César ou Danton, on doit être dévoré par lui. Auguste et Livie ne croyaient absolument à rien. Justice! Vertu! Liberté! autant de mots. La vie ne fut pour eux qu'une aimable farce. Seulement, profitant des vieilles superstitions, les protégeant par des lois inquisitoriales, ils se firent adorer comme des divinités, et Tibère, conséquent dans l'hypocrisie tyrannique, met le crime de lèse-majesté à l'égal de lèse-divinité.

Le despotisme de Rome a été fils de l'athéisme et le châtiment du patriciat prévaricateur.

Il dévora le sénat et les chevaliers, qu'il avilit d'abord, comme le bourreau déshonorant la fille de Séjan avant de l'étrangler, aux grands applaudissements du peuple et des esclaves, privés depuis des siècles de leurs droits naturels, par ce même sénat et ces mêmes chevaliers.

Nulle iniquité ne reste nulle part impunie. Les despotes de Rome étaient un fléau, mais ce fléau était logique. Il était forcé, il était l'effet matériel de la cause morale; il était le justicier, le vengeur des faibles, des pauvres et des esclaves, qui ont dû se frotter les mains, en voyant les représentants de la noblesse sénatoriale défiler devant eux, pour aller s'ouvrir les veines, sur l'ordre formel de César.

Les Antonins, Marc-Aurèle eurent bien une notion plus vraie de la justice. Mais nul d'eux ne pouvait codifier les principes de philosophie sceptique pour en faire une religion; nul d'eux n'osant abolir la vieille théologie, au nom de la raison, leurs établissements

disparurent avec eux! *Pas de concordat possible entre
la vérité et l'erreur.*

Le christianisme, dans l'origine, qui paraissait un
retour vers le mosaïsme pur, a proclamé l'unité
de Dieu; mais ayant en même temps proclamé,
d'après les rabbins et la loi d'Esra, sa toute-puissance
arbitraire, en lui attribuant le pouvoir de violer ses
propres lois, qui sont celles de la nature, de faire
des miracles, *de pardonner les péchés et les crimes,*
et représentant Jésus lui-même comme un sacrifice humain expiatoire pour racheter les crimes des humains,
loin de civiliser les gentils, il les a rendus plus barbares, plus sanguinaires, plus inhumains et surtout
plus malheureux. La civilisation chrétienne ne date
que des Ariens, qui non seulement nièrent la divinité
de Jésus-Christ, imposée par le despotisme autoritaire,
mais qui encore, d'après Pelage, déclarèrent la loi de
Dieu immuable, et l'homme libre, maître absolu de
sa destinée. Ils furent exterminés par la tyrannie bes-
tiale, créant le servage du peuple par les privilèges
exorbitants du haut clergé et de la noblesse. Il n'y a
pas dans toute l'histoire humaine une éclipse morale
pareille à celle du christianisme dogmatique. On dirait
mille années de plomb étouffant le cerveau de l'humanité. Mille années de guerres barbares, d'assassinats
juridiques et d'inquisition; mille années de félonies, de
parjures, de maladies et de misères; nulle part une
lueur de justice, de paix et de prospérité. Qu'on lise
donc l'histoire des Mérovingiens et des Carlovingiens,
celle des Goths et des Lombards, celle des Romains
et des Byzantins, celle des empereurs et des rois!
Rien que des crimes de lèse-justice, de lèse-raison et
de lèse-humanité. Les Vandales, les Huns, les Maures,
qui chassèrent devant eux ces nouveaux convertis
comme des troupeaux de gazelles, étaient certainement moins barbares que ces prétendus civilisés. La
justice, l'égalité, régnaient dans leurs camps. Leurs

mœurs étaient plus sévères. Ils ne devinrent cruels et
débauchés qu'après leur conversion à cette religion,
qui *pardonne tous les crimes moyennant soumission au
prêtre.* Jamais Rome païenne, dans sa décadence la
plus crapuleuse, n'a touché si près l'abîme de l'abjec-
tion que la chrétienne Bizance, que Rome convertie
aux principes rabiques et rabbiniques de saint Paul.

« Jamais dans aucune histoire, s'écrie l'historien
Rottek, on ne trouve un esclavage universel pareil au
servage chrétien. Chez les peuples antiques, l'esclavage était *individuel*, par droit de guerre et de con-
quête. L'affranchissement était possible et fréquent.
Il n'y avait nulle part une classe entière d'esclaves
inaffranchissables, attachés à la glèbe. Seuls, les serfs
chrétiens étaient voués à l'esclavage éternel, car, en
les affranchissant, les terres sur lesquelles ils vivaient
n'avaient plus de valeur. Le peuple entier, tous les
agriculteurs, la classe la plus noble de l'humanité,
était voué à un servage éternel par les nobles et les
prêtres, menant une vie criminelle de guerre, de ra-
pines, de meurtres et de débauches. Pendant des
siècles, aucun serf ne pouvait même se faire moine. »

Pendant des centaines d'années il ne reste au
chrétien raisonnable et pacifique d'autre salut, pourvu
encore qu'il soit noble ou citadin, que de s'aller ca-
cher dans un couvent, d'y végéter en paresseux et de
se vouer au célibat, pour détruire dans sa racine
l'engeance humaine, condamnée par le christianisme
à une vie éternellement misérable. L'esclavage romain a produit des Vindex et des Spartacus. Il ne
s'est pas battu pour ses maîtres. Le serf chrétien s'est
fait soldat du noble contre sa propre liberté, jusqu'au
réveil de la philosophie et de la raison.

Cette nuit d'airain n'a cédé qu'à l'aube philosophique qui, dès son premier rayon, est reconnue et
poursuivie comme l'ennemie mortelle du christianisme. On parle de la civilisation chrétienne. Je

serais curieux d'apprendre en quoi les croisés étaient supérieurs, plus humains et moins barbares que les mahométans, leurs ennemis. Je défie qui que ce soit de trouver un seul indice de civilisation dans tous les pays chrétiens, avant la renaissance des lettres hébraïques, grecques et latines, avant l'invention de Gutenberg, avant la revendication de la raison philosophique! Où sont les vices, les crimes, les barbaries des peuples de l'antiquité, qui ne soient doublés, triplés, quadruplés par les princes et les papes chrétiens? Où donc trouvera-t-on quelque part une justice aussi odieusement absurde que les Ordalies? Où donc dans l'antiquité me citera-t-on des princes, s'appelassent-ils Néron et Caligula, qui, après s'être juré amitié et fidélité sur l'hostie, c'est-à-diré sur tout ce qu'il y a de plus sacré pour eux, s'assassinent lâchement le lendemain, et s'en vont se faire *absoudre par leurs pontifes*. Saint Louis, le meilleur, un affreux zélateur, qui a établi l'Inquisition, vaut-il Marc-Aurèle ou seulement Saladin? Que de Tibères! Que de Commodes chrétiens! Il ne manque que les Tacites! Parlerai-je des cours des empereurs romains convertis par d'ignares rabbins christianisés? Pas un d'entre eux ne va à la cheville de Julien. D'affreux gredins. d'ignobles crétins! On ne trouvera pas non plus ni chez les Romains, ni chez les Grecs des cours de Frédégonde ou de Théodora, ni même de Charlemagne, qui a eu tous les vices et qui a commis tous les crimes de lèse-humanité. Il y a plus d'iniquités dans l'histoire des empereurs allemands, dans celle des *Roses* anglaises, que dans toute l'histoire des Grecs e des Romains. Il n'y a pas de roi très chrétien qui soit un simple honnête homme, qui n'ait ses mignons et ses concubines, ses justiciers et ses bourreaux, contre la vertu et le devoir, contre tout ce qui représente le bien, c'est-à-dire Dieu et la justice. Entre les puissants du christianisme, on n'a jamais d'autre choix qu'entre un Henri III et un duc de Guise!

Il ne pouvait pas en être autrement. Le christianisme dogmatique, n'ayant aucune notion ni de la vérité, ni de la justice, ni de la liberté, ne pouvait
logiquement créer que des tyrans et des esclaves, des
bourreaux et des victimes. *En prêchant la toute-puissance capricieuse de Dieu, il a établi le despotisme par
droit divin. En prêchant la grâce, c'est-à-dire la fatalité divine, il a détruit la toute-liberté humaine.* Du
moment que la loi de Dieu n'est pas déclarée immuable, la justice humaine n'a plus de base. Elle est
à la merci du plus fort. Du moment que Dieu peut
pardonner un crime, c'est-à-dire détacher ou détourner un effet de sa cause, l'annihiler même, il n'y a
plus ni vertu, ni bien, ni devoir, puisque par la
simple volonté de Dieu, par l'entremise du prêtre et
ses indulgences, la vertu peut être changée en vice,
et le vice en vertu, le mal en bien, et le bien en
mal. C'est le chaos, c'est l'anarchie, et toute anarchie
se transforme en tyrannie arbitraire. Aussi le christianisme, logique dans ses erreurs, n'a-t-il jamais
donné à aucun de ses peuples, ni un jour d'ordre, ni
une heure de liberté, ni un mois de prospérité.
Guerre, inquisition, despotisme, servitude, et à la
suite : peste, famine et misère. Voilà les fruits naturels du dogme rabbinique et chrétien. Tous les
hommes, depuis Savonarole jusqu'à Robespierre, qui
ont eu une notion vraie de la justice ont déclaré la
guerre au principe chrétien. Dans le retour à la raison et à la loi de la nature, qui est celle du créateur, se trouve le seul et réel progrès. Il commence à
la fois en Italie, en Angleterre, en Allemagne et en
France. Mais la France, depuis le XVIe jusqu'au XVIIIe
siècle, c'est-à-dire depuis Montaigne jusqu'à Voltaire,
a produit plus de génies de raison que toutes les
autres nations. C'est pourquoi elle seule, dans les
temps modernes, représente la tête de la civilisation.

Si jamais elle renonce à cette gloire, qui seule est divine et immortelle, c'en est fait du progrès, de la justice et de la liberté pour des centaines d'années. C'est le génie français, battant en brèche depuis trois siècles les erreurs chrétiennes, *qui a proclamé l'unité de Dieu et de sa loi immuable, ainsi que l'indépendance et la liberté de l'homme.*

L'athéisme n'est pas français. Il est italien, allemand, anglais, tout ce que l'on voudra, mais il n'est pas français. Tous les grands poètes, tous les grands hommes d'État, tous les grands écrivains en France sont *déistes.* Quelques médiocrités bruyantes et éphémères seules sont athées. L'humanité est une forêt d'hommes où, à côté du chêne, du hêtre, du pin et du frêne, poussent le houx, le chardon, l'osier, l'épine et le roseau. Ces derniers, par le moindre vent, font un bruit de diable. Il faut des houx et des roseaux, mais ils ne feront jamais la loi aux chênes et aux hêtres, qui, de leurs sommets, touchent au ciel.

Des vérités proclamées par les génies de la France, deux autres principes sont sortis, comme le fruit sort de l'arbre, principes devenus une propriété nationale intellectuelle. Ils s'appellent : *Égalité et Solidarité...*

En effet, l'égalité sans l'unité de la loi autocréatrice, non seulement est une chimère, mais elle ne peut même pas être conçue comme idée. Rien n'est égal dans la nature. Il n'y a pas deux feuilles qui se ressemblent, pas plus que deux nez, pas plus que deux raisons. D'où vient donc l'égalité? Elle est dans le commencement et dans la fin, *dans le principe créateur.* Elle n'est nulle part ailleurs. La différence vitale de tout ce qui sort de cette loi unique n'est pas dans la *qualité,* mais dans la *quantité* de puissance et d'essence spirituelle. Le grain de sable est l'égal de l'astre par le commencement et la fin. Il n'y a entre eux que la différence de la force quantitative de mouvement et de vie. De même les hommes. Tous

naissent et meurent égaux. Tous ont la même extraction. Mais pendant la vie l'un est doué de plus de
force, de plus de raison, de plus de beauté que
l'autre. Le mot *plus* indique à lui tout seul que c'est
une différence de *quantité* et non de *qualité*. L'égalité
des humains n'existe donc que dans leur créateur,
dans la loi, origine et source. C'est parce que tous
sortent également de la même racine, que chacun
peut revendiquer son droit naturel, savoir : la liberté
d'épanouissement et de développement, selon la quantité de force innée qu'il possède, se manifestant par
le travail ; liberté que nul mortel ne lui a donnée et
que nul pouvoir n'a le droit de lui ôter.

Niez cette origine, ce principe *un* et *autonome*, et
l'égalité n'est plus qu'un vain mot, qu'un pur mensonge.

Pour le matérialisme qui fait sortir l'homme de la
matière par l'incubation des siècles, le nègre est un
inférieur, un être dégradé, déprimé par le cerveau et
destiné à la servitude. De même la femme. C'est là,
en effet, l'évangile de quelques microcéphales allemands et anglais, s'appelant Vogt, Buchner, Moleschot
et Darwin. Des houx qui veulent imposer leur taille
et leurs épines aux chênes et aux hêtres ; des mulets
qui veulent faire la loi aux chevaux arabes ; des taupes
qui, aveugles-nées, voudraient que tous les êtres se
crevassent les yeux. Leur argument le plus fort contre
Dieu, c'est que certains peuples sauvages n'en ont
pas une idée. Parbleu ! ils ne sont pas sauvages pour
rien. Mais Moïse, mais Socrate et Platon, mais Anaxa-
gore, Pythagore et Zénon, mais Eschyle et Sophocle,
mais Cicéron, Caton, Tacite et Marc-Aurèle, mais Montaigne et Descartes, mais Luther et Spinoza, mais
Newton et Leibnitz, mais Fénelon, Pascal, Corneille,
Molière, Racine, La Fontaine, Montesquieu, Rousseau
et Voltaire en ont eu l'idée. Ils ont pour le moins
autant de valeur morale que les Hottentots, et, pour

sûr, ils ont plus de génie et de raison dans leur talon que tous les matérialistes anglais et allemands dans leur cerveau.

De même la solidarité !

Si tous les êtres ne sortent pas d'un seul principe créateur, la solidarité est un non-sens. Qu'ai-je de commun avec un nègre, avec un lion, avec un singe, avec un chien ! Que m'importent à moi les malheurs des Abyssiniens et des Chinois ! Et pourtant, l'expérience prouve la solidarité, même matérielle. Qu'un peuple dans les Indes, vivant sous le despotisme et dans l'erreur religieuse, soit malheureux ; que ses terres restent incultes ; que ses cadavres roulent dans le Gange, dont ils empestent les eaux, et en six semaines le choléra qui en sortira, comme le pou de la gale, ravagera toute l'Europe et n'épargnera même pas ceux qui se croient bons et justes. De même une maladie de cheval, de chien ou de mouton (toute maladie est le produit d'une incurie ; jamais animal bien soigné, d'après les lois de la nature, ne tombera malade) se propagera parmi les hommes et y fera des victimes par milliers. C'est qu'il ne suffit pas d'être juste ; il faut avant tout que nulle injustice ne soit nulle part tolérée envers quoi que ce soit. La solidarité des êtres gît exclusivement dans l'origine commune de leur extraction. Le moindre mal au bout du rayon de l'axe vibre dans le centre, et se communique à tous les rayons divergents.

Le bonheur ne descendra sur la terre que quand la justice régnera partout. Qu'un seul Ilote soit livré à l'injustice, et pas un être dans le globe entier n'est assuré de son bonheur, l'eût-il créé par une vie accomplie de vertus et de devoirs ! Nul n'est heureux, quand quelqu'un, quelque part, peut être impunément injuste. *Avant d'être juste, il faut frapper l'iniquité ! Avant d'aimer le bien, il faut haïr le mal. Là est la grandeur de la liberté de l'homme.*

L'unité de la loi immuable et créatrice (peu importe le nom de cette loi), la liberté de l'homme, l'égalité et la solidarité, tous ces principes ont été proclamés par les Français de Quatre-vingt-neuf, dignes fils de Moïse et des grands génies qui depuis trois siècles ont sacrifié et fortune et vie à ces vérités méconnues.

Depuis la sortie d'Égypte, il n'y a pas eu dans l'histoire de l'humanité une ère de délivrance et d'affranchissement comme celle de Quatre-vingt-neuf.

D'où vient qu'il n'a pas donné tous ses fruits ? D'où vient que cette grande lumière s'est éclipsée, que ces grands principes ont été méconnus; d'où vient enfin que ce mouvement de géant a pu être arrêté par un tas de nains ?

C'est que Quatre-vingt-neuf n'a pas eu son Sinaï, ou plutôt son Moïse. C'est que, tout en déblayant le terrain des vieux édifices vermoulus, il n'a pas pu, par des dogmes religieux, y élever le temple de la justice et de la liberté. Robespierre l'a tenté un jour. Ce sera son unique gloire impérissable. Mais après avoir frayé avec l'athéisme, il a dû être dévoré par lui. Robespierre était plutôt le frère intellectuel de Mme Roland que de Danton et d'Hébert. Ce que l'on est, il faut l'être entièrement ! Robespierre n'a pas osé être toujours lui-même, il a louvoyé avec les hommes et les événements ; autrement, il n'aurait jamais, instigué par les athées matérialistes, signé l'arrêt de mort de tous les déistes spiritualistes, qui seuls représentaient la justice et la liberté démocratiques. Il fallait mourir avant, puisqu'il faut toujours mourir après ; puisque l'iniquité ne pardonne pas ; puisque la logique des causes et des effets est inexorable !

Avec le concordat, les principes de Quatre-vingt-neuf furent asphyxiés. Avec le dogme chrétien, pour peu qu'il soit reconnu, la justice est une hérésie, la liberté une chimère, l'égalité une folie, la solidarité un mensonge.

Le pouvoir chrétien doit être arbitraire, comme le dieu des chrétiens, qui ne fait des lois que pour les violer, qui ne gouverne que par des miracles, plus capricieux les uns que les autres, qui pardonne à qui bon lui semble, fût-il le premier des chenapans, qui donne et retient à la fois, et qui, par-dessus tout, se déclare mystérieux, irresponsable, inaccessible à nul mortel, excepté pour ses courtisans et chambellans, les prêtres et les nobles assistant seuls à ses grands et petits levers, ayant seuls l'oreille du maître, et chassant devant eux du pied les juifs, les parpaillots et les libres penseurs.

Le peuple français, dans son bon sens instinctif, a bien senti l'incompatibilité du dogme chrétien avec les principes de Quatre-vingt-neuf. Le concordat, ayant forcément ramené les rois chrétiens, la révolution de 1830 fut avant tout une révolution anticléricale. C'est si manifeste que sous la restauration le bonapartisme fut présenté et accepté comme prin cipe libéral, par la seule raison qu'il était antiprêtre et antipapiste. Je défie de lui trouver un autre mérite libéral que celui-là. Mais les Français médiocres de ce temps, détournés des études sérieuses de la philosophie, loin de comprendre la portée religieuse de la révolution de 1830, loin de remonter aux causes spirituelles, poussèrent l'erreur et l'ignorance jusqu'à déclarer la nécessité d'une loi d'État athée. Ce fut de l'eau sur le moulin catholique. Aussi se releva-t-il plus audacieux que jamais. Il fut soutenu dans son œuvre par ses ennemis mêmes, qui, à peine arrivés au pouvoir, sautant à pieds joints sur les principes de leurs pères intellectuels, déclarèrent n'avoir plus besoin de ces oiseuses hypothèses, la liberté politique leur tenant lieu de tout. Autant déclarer que le corps, libre dans ses mouvements, n'a plus besoin de son principe central et *un* qui s'appelle *santé*, et d'où jaillit la liberté de tous les mouvements.

Ces erreurs à peine élevées en dogmes nationaux, on vit arriver, chose très logique d'ailleurs, une troupe de ménétriers, dansant des sarabandes romantiques sur la tombe fraîchement creusée de la philosophie poétique de nos aïeux, et chantant en chœurs rimés les vices crapuleux de nos tyrans du moyen âge ; véritable bande d'ignares troubadours, aux pourpoints de velours maculés de taches d'absinthe et de débauche. Ils ont été suivis par une horde de rhéteurs, sophistes éloquents dont l'outrecuidance dépassait encore l'ignorance. Ces glorieux cuistres et ministres ont falsifié toutes les vérités, adultéré tous les principes, sophistiqué le bon sens français même. Tantôt en vers, tantôt en prose, à la chaire, à la tribune, dans les théâtres, dans les carrefours ils ont chanté, glorifié le succès, l'iniquité réussie, le droit sans devoir, le pouvoir et la jouissance à tout prix. Ils ont dit que le progrès marchait toujours quelque part, qu'il n'exigeait pas le devoir accompli, qu'il était contenu dans la force des choses, que si nos ancêtres ont sacrifié tous les bonheurs matériels de la vie à une idée, à un principe, c'est qu'ils sont venus au monde un peu trop tôt. Dorénavant les hommes, grâce au *progrès progressant*, n'auront plus besoin de faire aucun sacrifice, ni à la justice ni à la liberté ; la science n'ayant plus d'autre but que de faire arriver ses mandarins au pouvoir, afin de vivre le plus grassement possible ! Ce sont eux qui ont élevé le *fonctionnarat* au-dessus du peuple administré, qui lui ont rendu tous les privilèges de l'ancienne noblesse, d'inique mémoire, qui lui ont donné une juridiction seigneuriale (le Conseil d'État). Ce sont eux qui ont fait la loi, disant qu'en fait de diffamation « la preuve n'est pas admise ». C'est comme si un tas de brigands défendaient, sous peine de mort, de les appeler voleurs ! Ce sont eux qui ont élevé le mur de leur vie privée : vie détestable, pleine

de coquineries et de gredineries. C'est au milieu de
la glorification de ces doctrines de décomposition
sociale qu'éclata la révolution de 1848. La France
était peuplée de pitoyables médiocrités disertes et
alertes, se croyant sérieusement de grands hommes
et déclarés tels, pendant quinze ans, par une tourbe
de fretins politiques et littéraires, dont plusieurs fré-,
tillent encore devant nous, mais à reculons. La presse
la littérature, le théâtre, la tribune, regorgeaient de
grands petits génies sans science et sans conscience.
Des viveurs, des faiseurs, des poseurs, des blagueurs!
Pas un d'eux n'a jamais sérieusement cherché la vérité, encore moins à mettre sa vie à la hauteur d'un
principe vrai. En vertu de leur talent de discuter
sur tout, de douter de tout, de railler tout, ils se
croyaient au-dessus de tout devoir, de tout effort'
de tout sacrifice. C'est au milieu de cette tourbe de
truands poétiques et politiques qu'éclata la révolution
vengeresse de Février.

*Cette révolution, ni par ses victoires ni par ses dé-
faites, n'a pas créé un seul grand homme.* Rien n'y est
pur, tout y est ruolzé. Seulement l'erreur, s'incarnant
dans les faits, se montre dans toute sa laideur. Elle
est logique. Elle est justicière. Mais à peine a-t-elle
rempli son but, à peine justice est-elle faite, que le
dogme de la violence et du droit du plus fort, érigé
en principe démocratique, sape la base de l'ordre et
de la liberté, *et détruit la république dès sa naissance.*
C'est le dogme de l'athéisme et du succès, qui a forcé
le gouvernement provisoire de proclamer la république
avant de consulter la nation, en lui donnant pour
base le coup de main réussi du 24 février, qui lui-
même a été l'effet du coup d'État de 219 députés,
proclamant en 1830 la monarchie d'Orléans, sans consulter le pays et chassant la Restauration, qui, elle,
fut le résultat du Concordat et de Waterloo; suites
logiques et inévitables du 18 brumaire, qui, à son

tour, a jailli de la Terreur; qui, elle enfin, est la fille sanguinaire des iniquités monarchiques, nobiliaires et cléricales !

Riez, ricanez, raillez, athées. Et vous, tartufes de toutes les religions contraires à la raison, comptez sur l'absolution et sur le pardon, que vous faites administrer à vos défaillances. La logique de la loi, en vertu de laquelle tout existe, n'en est et n'en sera pas moins inexorable. *Rien ne reste ni ne restera impuni. Elle ne pardonne pas plus à ceux qui tolèrent ces iniquités qu'à ceux qui les commettent.*

Le ving-cinq février, le peuple français eût pu rentrer dans la loi logique et divine de la justice, en se prononçant librement sur la forme de son gouvernement. Et qui donc eût jamais osé attaquer la république, encore moins la renverser, *si le peuple, consulté librement sur la question :* république ou monarchie, *eût répondu de sa puissante voix :* LA RÉPUBLIQUE, c'est-à-dire le gouvernement électif. Et il est certain que telle eût été sa réponse. Le 26, c'était trop tard. La république venait d'être proclamée sur un coup d'État du peuple. La violence s'était de nouveau substituée à la justice. Il est permis à un peuple ignorant de préférer la monarchie constitutionnelle à un gouvernement électif. Nul en ce cas, *pourvu qu'il ait toutes les libertés de parole et de plume, pour convaincre ses concitoyens,* n'a le droit de prêcher la violence, encore moins d'y avoir recours. Logiquement, forcément, inexorablement, la proclamation de la république, par la victoire des armes, devait enfanter les journées du 17 mars, du 16 avril, du 15 mai, du 23 juin et du 2 décembre. Ce n'était pas fini. L'Allemagne un peu plus tard a couronné cet infâme édifice. La logique ne se laisse pas emprisonner ni transporter. Les effets ne se laissent ni escamoter ni étouffer au jaillissement de leurs causes.

Cette loi, je viens de la montrer, de la faire palper

des doigts dans les événements humains surgis en
1848, depuis le 24 février jusqu'au 10 décembre. Ces
faits prouveront, jusqu'à l'évidence, que l'avènement
de la démocratie libre, progressive et bienfaisante,
n'est possible nulle part, ni en Europe, ni en Amérique, en dehors de ces principes harmoniques que
j'ai énoncés et que je répète, principes se complétant
mutuellement, seuls, d'accord avec la raison, et d'où
naissent toutes les conséquences de l'ordre, de la justice, de la liberté, de la paix et de la prospérité universelle, savoir :

1° L'immuabilité absolue de la loi divine et autonome, qui, se suivant elle-même, n'a jamais changé
et ne changera jamais, ne détachant jamais un effet
de sa cause par miracle ou suspension, et ne l'anni-
hilant jamais par l'oubli ou le pardon ;

2° La liberté, mais aussi la responsabilité absolue
de l'homme, maître de son destin et de celui d'autrui, par l'option libre entre le bien et le mal, entre
la vertu et le vice, entre le devoir et la défaillance !

Et pour corollaire forcé de ces deux vérités, il faut
ajouter et répéter toujours : *qu'il ne suffit pas de faire
le bien, d'être vertueux et juste, qu'avant tout il faut,
par la parole et les actes, empêcher que nulle injustice
ne soit commise par qui que ce soit, à quoi que ce soit !*

Sans ces principes solidaires, il n'y aura nulle part
ni justice, ni ordre, ni liberté, ni égalité, ni prospérité ! La justice humaine est fille de la vérité divine,
se révélant à tout homme par la raison qui vient du
créateur. Impossible de la tirer d'une autre source !

Convaincu de ces vérités, je dirai à la Démocratie :
« Dans et avec ces signes seulement, tu vaincras ! »
Mais alors il n'y aura plus de vaincus !

(Écrit en 1869.)

FIN

TABLE DES MATIÈRES

Pages.

Paris. — Soc. d'imp. Paul Dupont (Cl.), 7.4.87.

9 782014 037609